海耕堂收草

도서출판 월인

與金滄江

3 與金滄江

書牘 明美堂集刊時與金滄江往復

與金滄江

不審歲寒起居如何去國南北相距萬里但有黙犀之照而已念余爲値玆鼎革之際任文獻之責誠不可老未知鬚髮韶華不甚衰損否欣欣不能已也昇苟活至今自視可厭而已先兄之沒今且數十年遺稿猶未刊未死一念惟玆之憂然尚遲于今者不惟財力不及所謂認許者得此而刊未若錮諸篋以俟後所以齎志未就今嶺湖諸君子慨然議刊先兄遺稿于淮南書局刊費士林與本家各以半數分當山清李明集求禮黃李方皆有書于昇昇雖

漂泊異域剪落殆盡然固當躍然從之機不可失但校正惟令公是恃未知精力尚能辦此否令公亦必樂為之役不待昇之懇懇也此稿昇所分類序次為十卷今并付送將繼送刊費幸指手民速圖之不備 丙辰十月

荅滄江論文集序

頃在懷仁時已以明美堂集序文仰請矣昨拜惠圅兼寄序文草不惟揄揚之域為無憾文辭巨麗婉暢非令公誰能為此甚盛甚盛竊見令公多為人作文集序然不以一字妄許人亦罕有可許之文故其為序也常混淪含糊迺回其論游渲甚辭不濫不貶之際文於是乎成今此序意

5 與金滄江

逝之運已在於前日相與之時故其發需如也如停蓄之水一決而縱于毫筆酣墨飽令公亦於此吐氣所以能成一氣呵成之文也雖然起頭處畧有貢愚未知然否與洪參判承憲一節剩語也刪之恐好子非 定宗王之苗裔非殷宗室被髮陽狂者流耶此一節不惟昇所不敢當亦剩語也國雖亡辭宜婉不必激露乃爾此序全篇光氣太盛上文敘事正宜斂其光氣從容委婉未知尊意如何賤號以字改之曰保卿似好于弟別號不當書其父兄文集序又嫌其不古也大字成字惟孔子當之此雖論文章非道學言然恐招人之譏又為吾先祖諱改之恐好不備拜啓

一 丙辰十一月

與滄江請刊乙未討復疏

頃以乙未討復疏不可刪屢陳愚見今蘇來諭必欲刪之蓋令公憂他日之患而有此堅執然鄙意則以為刪此而無患不足為幸即刊此而被收苟得若干帙得傳可無悔也討復疏以其未徹故得以無事然方疏之入內閣也閣臣有發大懲創以鎮壓民心之論物議恟懼亦惟吾兄請討之日辨死而為其卒無事僥倖非當日所逆覩來諭以為不足謂辨大節者不思之言也使吾兄因此而得一竄何渠不若胡邦衡疏耶假使刊潛菴集而刪去斥和疏則殊不成文集貌樣所謂刪此而無患不足為幸者以此也

7 與金滄江

令公不宜堅執第并刊討復疏如其慮被收也則并積于敝寓試以若干帙出送分傳積以數年稍稍出之則可無患昇之計可謂萬全令公何懼焉令公若一向執拗則停刊可也要之決不欲刪此而刊稿惟令公察焉

與滄江論刪詩

昨因郵函拜審近節欣慰昌已美集詩卷已登刊何其速耶無可正之誤令公精方之周至可知欽歎欽歎此稿刪存壽御鑒辨之明顧茲鈍眼何能與議哉雖然如或有不可刪者刪之則不可以不言也頃諭有視刪詩文如割肌肉云正不敢以為不然也一言一字皆吾兄心肝中所出

同其氣者安得不然贅疣之割不足惜非贅疣而割則雖分寸必爭幸勿怪也古次雜絶便是江都竹枝詞古雅可傳十六首無一可删今令公并删之曰無稽之言此何説也前朝宮殿無人問之句先兄自註曰麗朝遷江華吾兄此註豈杜撰哉令公若未及知則更考可也今直曰麗朝何曾遷都江華云爾也用乃爾高麗高宗十九年因蒙古亂遷都江華元宗十一年還開城忠烈王十六年又遷江華十八年還都開城俱載麗史何謂無稽也傳燈寺分韻絶句詩曰不羨檀家舊弟兄自註曰鼎足寺本三郎城三郎檀君之子城爲三郎所築云令公又以爲檀君三子等

9 與金滄江

城鼎足無稽之言而刪其詩此亦恐是令公執拗也是雖不載信史載於邑誌見於牧隱鼎足寺詩此皆足以爲文獻之徵也詩料所取或用傳奇或用古語流傳況邑誌牧詩之爲可徵耶旣已刪而刊則追入補遺亦可不備

與滄江論刪詩

頃以古次詩及鼎足詩不當刪仰陳愚見果入補遺耶今濬池詩不甘便認觀河面莫是春風吹水皺此句語意奇絶可愛何爲刪耶此一首之存刪固無關係不足爭執然不能無愛惜也楞嚴經婆娑匿王白佛言初渡恒河面貌婠好再渡恒河蒼然欲衰三渡恒河髮白面皺云此句引

用此語不甘者不肯以老自認則無乃風吹水皺非面皺之意盖自惜其老之意顧令公更思之未詳觀河之義容或失其揀選也請室雜絶首首皆好今只取其二而并刪之何也或刊務繁劇中未及照管而然况隆老之境安能無千慮之一失哉昇不能躬相其役而徒以口舌煩瀆愧歎愧歎

與滄江

前後印本誤處不多進謝令公勞神也今見喬峰和尚塔銘不以世出世有間忽添入字校有字上此非原本之誤亦似非下字時錯無或令公疑其有漏落而添此入字耶

世出世三字自是佛說中成語猶言僧俗世者俗也出世者僧也此蓋令公不習佛書故耳不習佛書固無害於事然令公亦有此失佛書亦不可不讀也歟好笑

答滄江

敬頌令軆增重文卷畧有正誤正誤字印於同色片紙出送則既出之文卷當糊粘改正矣入字之誤添何遜謝太過也入字墨抹亦何妨耶此何足為死罪耶石慶馬足之闕自以為死罪答令公引答甚於石慶還復一笑秋水子傳恐不可刪也秋水子不得其死之由雖未詳知蓋因有隙者構誣至此又不幸遇酷吏盤問秋水子骯髒不屈以

速禍也令公所云〻未知何從而聞之然信如令公所言直不過不謹飭而已今因暗昧傳聞并刪此傳則無或已甚而欠忠厚耶此傳但推許秋水子為人重義氣不肯屈於人而已未嘗以道學行誼與之則雖有不謹之失何足為吾兄累哉秋水子之死吾兄不能救所以有盧柟之歎此傳所以示不負秋水子也秋水子身後事凄凉可哀非此傳則秋水子寂寥益甚恐不可刪未知尊意如何

答滄江議刊讀易隨記

明美堂集刊事今已畢令公亦勞之甚矣可謂不負吾兄昇亦賴諸君子之力而死可瞑目矣讀易隨記誠吾兄精

神所寓多發前未發今公既奮餘勇而續刊則昇豈敢惜錢而不從哉但其圖為難刻一畫之斷續一點之黑白卦爻變易易致差誤必須得纖巧之工然後庶免差誤矣

答滄江論隨記之誤

讀易隨記刻本至刻儘精巧然錯誤至於七十餘處此非刊時之誤乃原本之錯也原本先兄手書先兄平生無誤書故不慮其有誤不曾校正入送不慮其誤之至此此昇不察之罪也悔恨何及蓋此書與他書不同其綜錯變易處點畫之差毫釐千里竊想先兄自書此書時心專於新義之研究未及注意於點畫之差也此書百本今已分傳

不可復收何能正其誤哉令公浪費精力昇則虛費殘錢
吐歎何及昇與曹仲兢所正已有定本依此而刊則庶無
誤矣大抵此刊與不刊無異甚欲改刊財力誠疲無以更
辦俟財力稍紓期欲更刊耳不備白

15 與金滄江

與友人論讀易隨記書

足下嘗言讀易隨記發前人未發之奧誠奇矣然此特圖象文耳易之妙在理象次之圖又未云此不備之論若舍象而求理理將焉傅舍圖求而求象象將焉形如足下言易之理已具於太虛空伏羲不必畫八卦濂溪不必圖太極康節不必圖四象古昔聖賢皆不必紛紜為是也卦本方矣今隨記創為圓圖其妙不在圓圓之然後衆妙畢見僕於此書雖未能盡曉其微妙然讀此而始釋前日之疑如見羣龍无首蓍之德圓若非圓圖終無可悟之日三十六宮之說非綜錯之圖安知其增損之數實由乎乾坤坎離

頤中孚大小過哉又安知始八卦錯而為終八卦終八卦又為始八卦无方无體終而復始之理瞭然於目前哉綜錯之說見繫辭先儒不明言其理邵子所說易象皆以綜錯推之而不言綜錯明儒來知德創為綜錯之說然亦未明確未若隨記之易知易見所謂易知易見乃圓圖之欵或單爻或重爻或單卦或重卦或為橫十或為白黑點之圖皆圓圖之推耳論易而不言綜錯無以見變化之所由生故繫辭曰錯綜其數通其變遂成天地之文今此圖乃所以圖天地變化之文而使人易見也其為文也可正也可倒也可左也可右也故隨手成圖隨圖著理不見傅會

亭合之迹而井井相應鑿鑿相符卯子来氏未盡之意若相待於千百歲之下豈不奇哉足下不曾究觧故不甚奇之耳古人有饋乾鰒於其友其友不知鰒者入口驟咲之剛梗無味乃盡棄其鰒足下於隨記無或近是耶今始徐嚼濘滋而漸入可得其味苟得其味則亦必嗜之夫然後方知是書之精微入神大有功於易學矣昔揚雄著太玄世無知者獨桓譚侯芭知之東漢以後寥寥無聞至司馬溫公王荊公曾南豐諸公始大贊揚書之傳後亦有遇不遇并世人知先兄者莫如足下而至於隨記不甚見知不惟著書之為難見知於人又若是之難所謂俟後子雲者

以此也足下須更取隨記深究之勿交臂而失之也不宣

答友人論金滄江刪詩辯

來諭以爲金滄江刪詩辯明快弟則以爲金滄江不當作此文也詩三百孔子刪之云者馬遷無稽之言先儒多言之此不足辨之今滄江之辨曰孔子自言誦詩三百使於四方又曰詩三百一言而蔽之曰思無邪以此推之詩三百者蓋當時天下之成語也旣爲成語則其已擇之選之者可知矣如其不然而始刪於孔子則何聖人將筐中國削塗抹草創之簡札而公然以命於天下曰三百三百而不已也聖人謙讓之道決不若是云其言似明白然此老

嘗信子長之言及論語然後乃覺之躍然自快若創發於已殊不知前人已道破之恐未免見笑於後人也朱子謂孔子未嘗刪詩只是刋定而已葉水心亦謂詩非孔子刪朱彝尊云詩者王朝頒之侯服會盟朝覲燕享皆用此使孔子一人之見取而刪之王朝列國之臣其孰信而從之一則曰詩三百再則曰誦詩三百未必盡屬刪後之言由是觀之詩非孔子之刪云此則滄江之言也爲文之難論爲甚爲正而不新則老生常談言正而新者始以爲前人所不道自謂創新者久後往往見前人已道破之吾之說爲竊襲所以難也滄江若曾讀朱子之文葉氏之辨則必

不作此文先以爲明快耶使滄江生於朱子葉氏之前則
可矣未知然否不宣

與金滄江

僕嘗聞足下著本朝史始不信曰作史須具三者乃可成
書博習典故一也書籍具存二也文詞之工三也足下未
必嫻本朝典故身寓異域不可蒐聚書籍足下所存文詞
之而已雖有其一尙不具其二焉可以成五百年全部信
史也旣而見足下與人書有曰栞有安鍾和所著國朝人
物誌西洋人訖法所著大東紀年若干書籍可以取採爲
史噫此斷爛數種書欲取以爲五百年全部史不亦疎哉

僕未嘗不為足下憂之未幾自京來人傳說嶺南人以足下所著綮史有侵逼　英祖語誣衊多人臣所不敢道京中士大夫亦忿然詬罵曰金某嘗與李某善是必聞於李某李某云者先兄也僕聞之震駭憤惋曰未知所謂侵逼誣衊為何語而果有是也雖以足下之舊相好不可不絕之也僕世宦家耳吾先祖服事　列聖朝世受國恩自辛壬黨禍為一邊人所陷門户幾乎滅絕賴我　元陵全保之恩子孫得以相承凡誣衊我　英祖者雖曠世之下視同惡逆不惟臣子之道然所以感戴者然也未知所謂綮史中句語為何如而以足下不嫺國朝典故只依斷爛數

21 與金滄江

種之書著爲國史吾國意其有敗謬也一言之唯阿關係至重一字之是非忠逆判爲辛壬之際最爲甚足下正宜審愼於此而乃爲何等詭怪無稽之言招此國人之罵也今未知足下所犯何如不敢指摘而痛言之然使足下無失則此言胡爲而至耶國亾無　君無復有崔浩之禍乃敢放心大膽而爲此耶事關足下一身則非僕之所憂因足下之不愼而連累已沒之先兄豈不重可痛恨哉先兄平日所與足下談論文章一事而已曷嘗以　國朝事語及耶世人之臆逆亦何甚焉亟示　英廟記事一段文字以破此惑焉肇史所載無此事是不過不悅者搆誣而已近

宜談笑而道之不宣

琴窩集敘

余寓接梨與蔡君東熙爲隣君嶺南人避地来請余嘗與論嶺南人文之盛自李文純以下國朝五百年羣賢輩出嶺得全國之半偉其盛矣中葉以降浸不逮然往往有隱德潜輝之士枯槁巖穴而終世無知者後之尚德者不能無憾也蔡君胤子鳳基以其先祖琴窩公遺稿屬余爲序余久廢筆硯然以其大人之嘗辱交於余不敢辭讀其稿多爲其先祖貞義公發晦闡幽或上言 蹕路或貽書當世名公卿動以數千言計其所著此過半也公雖不以詞

章自命而讀其書可知爲隱德潛輝之士也宰相奏之竟邀貞義公易名之典貞義公高節始著公志願畢矣雖枯槁巖穴可無憾然視其交游諸公皆足以知公而曾無一人薦剡公昔此所謂宰相之過其可慨也已公八世祖松潭公私淑於文純公之門又師事百弗庵崔公小山李公蓋其家庭師友之學有自來矣公專意於六經四子書未嘗用功於詞章若使公不有貞義公之事亦未必有此稿然則不惟不用功卽薄之也今以公所薄之者論公之文辭不足以爲知公然後之尙德者讀此而知公爲隱德潛輝之君子則雖謂因公之文而知公亦可也

祭安校理文

我今笑公公知不知公如無知我何笑爲公如有知應爲我悲失我舊居托人爲羈如縶于籠如絆以羈公死非戚我生伊辱以此苟活猶爲公笑欲旋其逝共此汚濁公噫其笑笑我碌碌公方委蛻浮由太空神馬尻輪駕虹御風俯視我輩如蛆嘬糞公歸浩然曾無愧怍念公平生大節磊落妖巫讒惑逞厥瀆濫有臣盈廷傷噤鐔瘖公疏請斬祖視嶺海置死不死若有所待彼金嗟來如蠅蟻集害我山河沾此殘汁孰敢不受磨刃以俟公則奮罵甘此瘐死拖靖而西終于接剝我幸爲隣如鐵於磁隔屋相呼榻不

暇設束帶未結履已及闋點契冥合使我心折臨卒之夜
邀我風雪未命從容握手有說老夫之歿必有正叔得子
觀化我方瞋目雖我不堪輸與心腹嗟我於世豈無交結
或殊趨向或異存沒汶園之卒交道殆輟得公而喜相與
如一交在心心不係日月猶徉以終庶幾桑榆胡顧之濫
曾不少須入耳丁寧在目倏忽存之於心于何可歇柘樹
陰濃漁磯水活婆娑一笠我獨奚適摩挲春草孤墳三尺
於何復見厚地相隔飽經哀樂腸堅如石惜此老淚為公
一滴薦此菲酌公庶我格

弘文館修撰安公行狀 丁巳

太皇帝十九年軍變 王后閔氏避于忠州有湖西李媪来謁自言關王神女媪因言以某月日當復位及期果驗后大奇之及還御載媪至京為起北關王廟以處媪賜號曰眞靈君其所言無不從內外官職多出其手權傾一世士大夫之奸鄙者紛然趍附至有[illegible]為母姊者公憤惋曰此雖一女子妖蘖亾國其在是也乃搆疏請斬北廟妖女因極言當時腐靡糜財之失疏入 上與后覧而大怒留疏不下媪之假子李裕寅閔泳柱輩嗾宋廷燮及三司館學儒生疏請誅公 上乃命安置公于楸子島因并竄權鳳

27 與金滄江

熈等直諫之臣吾兄寧齋公亦以言事同時竄作詩述公
直明年春左議政趙秉世白 上請赦不從只命量移于
荏子島六月日本兵入都國政一變諸竄并赦除公為弘
文館修撰公聞赦還時嶺湖東學賊大亂路見人輒刼掠
公至問誰也從者曰安公某也賊曰豈非請斬眞靈君之
安公耶相與讓路羅拜曰忠臣也相戒勿入雪山雪山者
公所居也是歲起家拜興海郡守公見世亂日亟無出意
以親病辭内部改以他人差 上曰安孝濟奈何遞改其
曰親病余知其非實可促之官救饑民公聞 命感激之
郡是歲嶺南沿海郡大饑政府抄其尤甚七郡貿米三千

石命度支主事船輸饑郡本價糴賣使其郡守分與饑民約麥熟收直欠責郡守郡守皆患之不肯買與民主事私賣爲利公聞之曰寧可見米不救饑耶即下令于民曰明日受賑于某所乃躬往船處請米三百石主事不與曰興海不與七郡公怒曰此米朝廷所以救饑也饑民不得一粒乃爲君私賣可乎即書憑文曰興海郡守安某買米三百石具印押與主事曰君得此可無責及期來索價可也饑民羣聚環聽公號曰買券成是吾米也民蜂涌登船運下三百石積岸上主事愕然顧無奈何訢於監司而去公以此賑饑全活甚衆賑畢欲解官去請謁監司監司責公

強奪賑米曰民不辨直郡守寧可自當耶公徐對曰下官自當不難但朝廷移粟哺民索價於民非朝廷體貌況移徵於長吏耶此積十斛粟者之所不爲道伯宜以此 上聞存國體可也今乃靳靳於米價耶因解印綬而去監司噫曰吾今日被彈矣然監司心是其言報政府如公言政府諸人相謂曰不從其言吾輩且被彈矣是不畏眞靈君首豈畏吾輩耶盡蕩除之公行事必以正然徃徃濟之以辯謀如此及歸決意退藏所居(公世居嶺南之宜寧郡)有江山之勝逍遙自適取周變固守東岡之義名其亭曰守坡因以自號乙巳十月聞五條約之變欲構疏請斬賣國諸賊及至京則條約已

成矣痛哭而歸庚戌日本既并韓大出錢分與韓臣民有
名位者名恩賜金亦及於公公却之貽書日本警官曰我
大韓臣也雖國之君於我何恩所謂恩賜匪恩伊辱士可
殺不可辱也而已日巡查復來欲執公去公方坐山齋
高下陡截數仞公騰身投檻外欲自撞死巡查遽以手承
公輿而去囚昌寧獄時天寒風雪直入坐公猶自若警官
使公受金誘脅萬端公叱之聲色俱厲日人從壁穴饋飯
公引飯投地曰吾豈食穴飯求生者耶不食四日矣警官
相謂曰此人若死獄中適足以成其名遂放之又因公子
喆相脅使受金公與喆相書曰汝受金之日即汝父命絕

之日汝母爲弑父人也警官窺其書相顧矍唶曰辣哉安公豈有犯弑父之誡而受金音哉亦安用囚此并放喆相然日伺公動静明年冬伺稍弛公乃去國北首三千里入中國之臨江縣徒行氷雪髀毛盡脫寓窮峡歲餘喆相来覲途遇盗幾死公自是無往峡意時士大夫多避地来寓中國安東縣公聞之即徙安東之接梨村與余隔屋甚相驩其始至寓人隙舍天雨屋漏列盆匜承漏室窄卧不得伸脚然引巨觥飲談笑昂然自足尋患痱步蹣跚猶扶杖過余雖是難困苦疾病人所不堪而不見摧挫色既而喆相挈眷来養歲餘患劇卒前數日絶而復蘇者再每邀余

去曰天甚寒苦子矣然得好友作觀化人是吾願也將終諷誦生寄死歸語問余曰康節臨卒謂伊川曰爾道生薑樹上生從爾說此何義也余曰篤信也公頷之意氣如平日翛然而逝丙辰十二月十七日也春秋六十七臨絶有有青紫氣如電光從鼻竅出室中晃朗余所目見異哉明年丁巳二月辛亥葬于安東縣河深溝坐辛原將卜地求買葬地地主中國人借地不受直曰吾聞安公忠臣吾地得埋忠臣骨亦有光矣吾之愛不已多乎公姓安諱孝濟字舜仲在麗朝有諱珦謚文成倡明道學爲我東儒宗三傳有諱元擧謚文烈有功封耽津遂爲耽津安氏入 我朝

有諱起宗者仕　穆陵與郭忘憂倡義禦倭有功贈吏曹叅議曽祖諱宗洙祖諱禧老皆蚤卒考諱欽以侍從臣父年七十例授通政階妣仁川李氏敏儀女贈淑夫人配淑人花山權氏仁秀女先公没擧一男二女男即喆相娶鄭校理在教女女商山金相浩金海許鉐喆相三男三女男炅世娶李光世女女全州崔在文次幼公少豪爽不羈弱冠時與同業諸生讀書峡中書齋夜忽大雷雨呼守齋者不應徃視之闔家暴死莫知死由諸生大恐夜逃公獨不動曰棄此而去非義也天明雨止出山外募人出送中衣襲埋而歸　太皇帝二十年癸未擢明經科甲申權知承

文院正字時有變更衣制之令議着狹袖戰服公陳疏極言先王法服不可遽改辭甚剴切不報丁亥除成均館典籍司憲府持平有金滐善者受戚里指上疏請改服色公又疏駁之議遂寢癸巳七月請斬北廟妖女疏入閔忠正入闕見公疏言於稠人中曰自領議政至承文院正字皆安孝濟之罪人也趙忠正亦自言吾相業惟請赦安孝濟一事而已自是公直聲聞當世公性剛直負氣骯髒善飲酒有不平語蹙鼻標目視睒睒有奪人之氣生平所為出於心直行之於事無商量計較意人有言己過即虛心受之獨不喜矯行無實者有以性理說質之輒嚬蹙曰近日

學者多以此作門戶計吾方病之豈趍附其說哉公少學於許性齋傳李晚求種杞二公之門其學以實踐無偽為主居家事親甚孝有弟六人共處環堵之內而人無間言酒酣嘗從容顧余曰自人多以身後文字相托於知己者豈為區區之名哉蓋其相與之際有不能已者吾病不可為矣子意如何余謝不敏曰所不敢忘也公既歿喆相以父命泣請狀遂書其終始大節以備史家之考

閔友竹詩集序

吾沁州之鄉以詩名者有閔友竹及其弟檀湖稱二難吾兄寧齋公嘗言友竹人品高故其詩不規規於聲調而自然冲曠有古人風韻吾兄於詩少許而於公詩云然公之詩豈易言哉公讀書固窮有王彥方梁伯鸞之風平居簡言笑端重可敬及酒酣暢談貌愈恭而色愈和有有道者氣像公豈僅以詩人自命昔鄭公嘗謂詩猶酒也酒之爲物若無關係於世道性命之重然自郊廟燕享而至祭祀賓客之供無是則無以成禮儀此詩所以首於六經雖今之所謂詩亦皆理之所不可闕傾今蹁行之文勢可以掩

六經而天下未有無詩之國雖深目卷毛之人皆有五言七言之成句以是知詩之不廢猶酒之不可闕蓋公爲傷時而發而亦爲至論也公詩雖不用於郊廟燕享而其爲酒之釀可無疑也肆夏采蘋爲會聘燕享之用而逸而不傳閭巷歌謠之作繫於三百篇尚無恙用廢之道亦不在於顯晦也公以布衣終其詩之所寓亦不出於雲山烟波枯槁寂寞之濱然神與韻會用舒其壹鬱之氣足以自快愉若夫窮通顯晦用廢之故非公之所恤今以是議公之詩於公之旨不亦遠乎檀湖請余言今擧公譬酒之說題于公詩後之讀公詩者醺然若飮醇斯可以謂知公詩

者也

遥祭故掌禮院卿二堂李公文

自我西来謝絶人事雖存一息與死奚異所以於公音信莫寄公亦大歸楊江之側豈不公思鐵限殊域與公相訣已在去國初夏書来是公手筆知公我念油然流出景短懷弱辭悽情溢面墨未乾千古相失發篋失聲朔風蕭瑟公與我兄范張元白屈其齒爵許我莫逆公每謂我予知保卿君自可喜使人心清我從鄉至倒屣相迎客為我速醲為我傾盃酒殷勤夫人所有國士之遇殆我獨受清宵地坐文杏月懸公有憂色坑塹後前一言默契所執彌堅

山野之論世多忽焉公則休休於我犂然老成已矣我悲虎賁珪璋之姿黼黻之文原隰州郡既彰令聞所學非今遺時艱屯公疇不如遠慕昌辰念公之惷寂寞蓬蓽誰議公謨誰懟公卒渴葬墦間若彼庶匹慟兹所以非獨公恤公則愉佚脫此羈縛浮由蕭爽于彼曠漠究其在傍慨焉冥邈和淚綴辭替躬薦酌公如有知歆兹菲薄

書韶濩堂集後

歲丙辰秋韶濩子以其新刊韶濩堂集寄示余于接棃村舍讀其文多余所嘗見其渡淮以後作未嘗見也韶濩子與吾兄寧齋公倡為古詩文不求知乎當世惟以古人為

期百人之毀譽不足以當兩人之相知以爲天下之樂無可易也念余弱冠時家于京城韶濩子踈襟濶步灑灑然行無所求於人頃數數來見吾兄吾兄色喜延坐無他語遽操筆伸紙向韶濩子數視其面韶濩子亦不問所以即誦其所作詩吾兄疾言已放筆置詩於床更坐踈肩正色盛氣而讀讀已引筆加圈或讀未快嚬蹙驚怪若有尋思又或讀未竟以其所書紙向前欲歐之韶濩子縮首却坐笑不休此其所謂天下之樂無可易者而余時兒嬉莫知其何爲而然也韶濩子去吾兄必收其詩草藏之惟謹并其所嚬蹙驚怪者亦不遺曰有此險怪所以爲韶濩子然

會嘗盡去此方是成今已稍稍去矣烏虖已四十餘年矣思之邈若異代今讀刊本吾兄所嚬蹙驚怪處亦已鎔化不留其痂纇然尚可黙會其曲折驗余知見稍異於昔而因以歎夫吾兄鑒識之妙也韶濩子始以詩名既又兼治古文其文性與廬陵震川最近又長於叙事如耆舊傳諸作雜之於五代史幾不可辨我東名家多短於記事惟韶濩子多讀馬史而得之故其風神流動可喜然於何復見吾兄正色勵氣詠肴而讀之也悲夫

答柳晦敷書

僕與足下未曾相識今因辱書始知尊名可謂疎矣然書辭縷縷懇惻傾輸肝肺又惠之以詩清婉可喜雖平生之交何以加也感歎不已雖然足下所以道僕者皆因傳聞之過不惟不敢當以是求僕僕卒不可得相愛不如相知足下雖愛我非知我者故僕於足下邀惠雖多而於心猶有未足也年來嶺南諸名士多以書問不識面而相許以神交如足下者十數人皆因傳聞之過推許踰分僕雖無似未曾以無實之譽求知於人未知諸君子奚取於昏懦衰劣苟且偷生如僕者也有無實之譽必有無實之毀僕

於是愧且懼焉來諭所云屈與壞者似以在國內者言在國外者爲不屈不壞如足下言凡義理得失可否在於疆域不在志行然則微子劣於箕子梅福賢於陶潛豈有是哉足下亦豈不知斯義耶特傷之而發此言也君子無入而不自得不有所謂磨而不磷涅而不緇者乎不有所謂內文明而外柔順者乎學政乎古而已不視俗而勤慢足乎已而已不視人而充歉(以上二十三字先兄之言而柳君書中引用贅歉)此可以爲上文註脚足下能近擇乎先兄之言而不遠追乎文王孔子之訓何哉能定其志然後方可以知所歇泊著書明理猶其次也侯朝宗與方密之書所謂南山之南北山

之北皆可爲歐泊處不當分別於域之內外未知如何耆書明理勉諭雖勤然僕才下年又老其何以及此耶足下年富而才銳正可自勉今以足下所以求乎僕者反以求乎足下也僕之爲人好文辭而不能工文辭好義而不能行乎義好勸人爲善而不能自爲善此眞僕也請自言以謝勉諭之未能副且以求眞知於足下也秋寒太蚤惟祈珍重自愛不宣

祭安守坡返柩文 己未

己未正月十三日守坡安公之柩將還葬故國以酒果餞訣于路次爲文而告之曰 魂兮歸來兮北方之鬼不可友

鄂羅伯特回回兮撻曠野而聚藪管邴倏其已返兮東明
舊墟兮非吾有維魂氣之焄蒿兮脫羈絛而四馳上薄三
清下九幽兮羌無適而不宜三年不改父之道兮哀孝子
之棲遲燧再改而還隧兮返鄉國而涕洟歲在未而日營
室兮匍匐爲之前驅撫玄和而潸然兮故人祖于途隅紼
山哀而浦思兮悲風渾其號呼火輪倏其電馳兮望不及
而踟躕車過鄁門魂亦泣兮紆舊棺而新悲眄銅駝而久
噫兮攀弓劍而莫追精靈頓夫蓐蟻兮瞻金谷而跪趨宗
族候于鄉里兮望靈車而悽其魂兮歸来兮舍父母之邦
復何之

烈婦曹氏紀蹟碑銘

昔方苞曰惟節與孝必得其所徵始傳信焉方子之言不惟重其事其所爲言者之行必有異余於曹氏亦云烈婦嶺南昌寧人玄風郭鍾餉之妻郭生少孤孑暴疾且死隣人往視之烈婦見夫氣絶遽入其室但聞閉門聲猛因不出隣人開門視烈婦已死矣隣人見其夫婦暴死大恐去其父老率衆往視郭生屍在床索索有聲距其死已三日矣隣人驚怪旣而察之稍稍有生意有頃開目視曰何不見吾妻也隣人姑諱其死曰求藥去且至至暮又問來未因悽然曰吾妻將無死耶昨皂衣人驅我去出扉外見吾

妻疾行先吾吾至一處宮府官吏如人間吾妻已在其庭泣訴曰吾夫無兄弟且未育吾夫死郭氏祀絶矣是不可死者請以身代訴三日乃許吾還吾還而不與妻偕吾妻其死矣隣人以實對郭生大感慟卒不娶云烈婦以 太皇帝光武十年丙午歿年三十四山清李炯爲余言之請銘將刻碑以彰其烈炯端士其言可徵也吾兄寧齋公嘗爲韓烈婦作旌門銘曰夫縊于床婦鴆于器生者方死死者忽生其事畧與此同誠之所感可以動天地鬼神今烈婦事雖奇徵之金縢可無疑也曺氏之死卧絞喉閉息云

銘曰

卓哉烈婦古有是否王其罔旨天感代某聖人全德匹婦一行維尋之故厥或及聖生人死人孰侜張是誠以動之以此贖彼如入縣府得伸其理如以布帛易粟于市訴天天應訴神神諾以此求之奚往不得揄揚卓節磨石特書何必烏頭揭于門閭撑拄綱常獨在衿鞶所以曹娥感泣

疊山

祭安佐殷文

父以義遯子以孝隨園圃怡愉三歲接剎生養死葬方是人兒觀其事親實有過人寧司鷄犬不嫵躬親懷橘負米而不戚貧笑容婉辭若將入懷至性所到自無不佳曰有遺命父无事吾在君試美我則瞿瞿君歡湖館忽笑驚隣我方無恙醉譫夢呻雖則醉夢可見情真今予之慟胡與子異縱欲求藉匪酣匪寐今春還國我淚潸潸雖相訣別尚同人間千里書疏庶可替顔墓親龜山亦既禫吉了事歸待胡斯之疾君自西来衰相太蚤燒醪內爍形日枯槁豈慕傳奕青山白雲時與命乖如日方曛君性諫直尚氣然

諾厥有父風時聞諤諤讎邦賜金不受則所守翁抗義父因子縛君於顛沛確然不錯義旅潰散或通以近疇敢匿之連累輒殃君則恬然居柳来藏氏此之類使人意強人或病飲妄論短長以我視君寸朽櫟樟材而未試孰信其良君家兩世許以相知設者何情我以存悲悲無可洩寄此哀辭

崔孝中哀辭

崔君炳孝字孝中嶺宜寧郡人余弱冠時邀君于京師之青鶴山房肄功令與余同床而食同被而寢者十數年孝中爲人謙退拙訥好讀書寡欲不以事物累其心甲午科

舉取士之法廢隱居修志不復游京師及余去國不知存沒丁巳秋寄詩札于接梨寓始知其尚無恙時年七十餘矣余擬詶其詩而未就今春訃至悲夫蓋孝中於吾為四十年久要念舊悼今不禁涕泗之滂滂也乃為哀辭寄其孤使讀告于靈几其辭曰

嗟余西來潛伏兮故人阻絕兮親戚離去秋惠我以詩札兮知子不死消息奇喜容宛其在目兮念鳳樹而神馳孰謂子之厭世兮游太虛而委蛇回首四十五年之久兮杳陳迹之不再或宛然如昨日兮或邈然若異代哀親知之零落兮若晨星之收茲地上漸少地下多兮何忽忽而茲

泛泡漚兮四海蜉蝣兮八荒或先兮或後奚存而奚亾吾不知其何為而然兮欲無哀而無傷身不可以往矣兮寄哀辭而侑觴

送朴而貞卜居嵒巖縣序

農之事為民食之本而其事為庸人愚夫所能故操耒耜而服其役者為野人爲而已然古之抱利器而不得志者多晦迹於農非重其本也其迹可與農人愚夫泯然無別也余與山清朴而貞獲交有年知其為有志士也顧侘傺無所遇来游滿洲之南聞嵒巖縣之勝自安東縣舟行二百里而西嵒巖之南有小甸逸面二勝地逸面尤佳山口

外狹而內廣有美田茂林溪山之勝又有長流湧泉時方大旱而溝澮之水汪汪可種稻也華人之居者務農樸厚見我人從外來邀饋酒食欣然若故舊視其種稻治水田近學我人而尚麤踈可笑然稻方茁然問其收則升種而斛收畝距此非甚遠以其僻不介於孔路都會之地故其風土習俗之古樸如此而貞喜曰是可居也與其人約買田廬將再往實其約而貞為余言畝巖之勝曰是地土肥而地僻可居也土肥則農利厚地僻則農利專焉援種牧海上顧炎武墾田北地皆取其厚且專也古人不可及惟農為庸人愚夫之吾其為農夫矣將與同志數人挈家來種

稻于小向逃西之野頤與子偕寧有意耶余方隱几卧欣然起曰諾吾不擇地而擇其隣舍斯人吾奚適哉今子之行為我更求一傌地也吾性喜釣漁必舍近水老者取燒嫂擇茂林木以便樵採吾志足乎是而已然子尚年少慨然慕馬援領炎武之流噫孰謂子庸人愚夫者哉盍泯然其無別也

答宗人主儀承宣書 名範世

主處今之世閉門端居專心攻文辭自以為將有功於斯道聞者必大笑之自為之猶不可況勸人耶然且勸之其必有說焉頃聞足下日以織席為事織席為田舍窮老者

事足下年亦老無飢寒之憂何爲此窮老者事也足下天姿明達超邁非如近世士大夫委靡孱懦者僕嘗望之厚今以織席爲事若將以此終老而安之也烏虖足下之才志豈止於是耶其必有大不得已足下忍性降志姑以此鄙事消磨英銳輪囷之氣可知已然苟其然也奚獨織捆爲哉不有所謂文辭者耶前日僕所云不朽也自娛也皆爲足下游說僕所以望於足下不止是耳足下不喻僕之意前後辱書歷擧其不能爲不欲爲之端一則曰未易言二則曰未易言夫天下事苟欲其善豈有易言者哉若憚其不易而不爲天下無復可爲事矣蠏行文韓奪倉頡

字異言厖而姬孔將祧斯文之危僅如一髮誠如足下言惟其危也故欲扶之扶之之道在挺身自任不宜以未易言先自摧挫而止也若夫以天下國家之事冒艱險犯忌諱以求其成固未易言僕亦不當勸人為之今僕所言異於是閉門安坐操觚而為之而成則大有功於斯文即不成亦無害事是亦憚其不易為不為天下豈復有可為事耶文章雖曰小技曰小技云者對道學之大而言非文章之士孰能羽翼斯道哉故曰文為載道之器器之不存道不能獨存士不能以道自任則修其所以載之者亦其次矣僕竊嘗有意於是而才下年又老不足以自任則所以

59 與金滄江

望足下者如此足下年未老廣交游聞足下發憤為之必多以彙征者一人倡之什百隨之風氣可變也足下試察今日國中之主能任此者誰也此將為絕學寧不悲哉中國則不然康有為扶植宗教闡里之俎豆不廢梁啓超著書立論民智勃興此皆眇然匹夫耳操三寸之管發言為文其效如此以此觀之患不用功於文章不患世不右文也譬如善賈者權取今日之所賤賤者至於絕無則斯貴矣况有(而足下之)大售之日所謂事半而功倍然則斯文一脈庶可不絕不朽在其中矣誰得以笑之也視夫織席何如也足下其圖之不宣

白三圭金德新傳

白三圭字贊復平安道泰川人性剛厲師誠以溫和仍號曰溫堂師事執義朴文一文一沒為柳毅庵麟錫門人我高宗時麟錫倡義兵事敗避入中國之南滿洲三圭從之因寓滿洲之懷仁縣余寓懷仁時訪余為崔烈婦求序時方炎熱負大筐甚重背傴僂行汗沾衣筐中物皆木活字將為師刊稿云時年已六十餘其堅忍勞苦如此為毅庵高足有盛名故日本人欲甘心者久已未嵗我人大起倡獨立所謂獨立者恢復我國權而不附人之義也台募義旅於南北滿洲三圭曰是吾師未卒之志也遂以身投衆

以三圭爲軍務副摠裁住屯寬甸庚申夏有事潛往本國其門人金德新從之過寬甸保伊灘有嗾於日本警官警官伺於路執三圭不許德新隨曰去不去且死德新曰從師死固吾願吾豈畏死哉警官引三圭入山谷中將殺之盤問不已曰自服則活矣三圭厲聲曰鼠輩欲以死生餌我耶因整襟端坐大罵不屈遂砲殺之至死罵不絶口臨絶麾德新曰汝可去也吾老矣死不足惜若輩少壯人死誰辦事者德新涕泣曰見師死而求獨生更有何事可辦以身翼蔽其師丸洞貫兩頰而死德新以晡時死其夜乃蘇見山外燈光膝行至路傍店舍叩門中國人盡睡殺德新警

官止其舍出視之乃其所殺者扶入其寢所以醫被覆德新面坐其上欲閉氣殺之中國人覺號於衆店中皆驚起警官乃適中國人救德新甚勤德新索紙筆具述被殺狀曰我師某也屍在某處幸埋我師埋我於師側死無恨矣言訖而絕天明中國人覓三圭屍埋之埋德新其側德新平安道昌城人時年二十云三圭死狀靡德新之蘇且泯矣而德新明其師之死而復死異我寬甸人塟三圭皆感憤爲之出涕譁然稱二義士自是寬甸人益疾視日人而義我人知縣聞其事愛護我人甚至時南北滿洲我人聚旅而寓者多被中國人驅逐獨寬甸不然二人之力也

論曰三圭之死意外之患非得地而死然不屈義也求義而得義可無憾謂死得其地亦可也若德新殉其師者所謂事之如一死其所矣其曰更有何事可辦見義明豈不偉哉二人之死使其孤軍得義聲於中國其功豈區區勝敗之可及哉

李頤大黃鳳仁鳳信傳

李頤大者黃海道平山人本名振龍日人懸金購振龍改今名爲人倜儻有膂力好交結壯士不事產業光武十一年募義兵出入山谷間誘日本兵鏖戰殺傷甚多及義兵將閔肯鎬李康年敗死頤大孤立無可爲乃渡江入滿洲

盡賣其田宅購兵器己未歲我人募兵南北滿洲圖恢復
以顧大為恭謀將碩大曰殺賊須有錢我無他謀惟奪賊
金為兵費耳時西洋人開金礦於朝鮮道雲山郡日本人
買金輸出恒以鉅萬計碩大率壯士黃鳳仁鳳信等五人
之雲山伏于嶺上僻處伺金車至殺車中人刼金金皆鎔
為大塊四方尺許其重各五百斤者五碩大取金重不可
動遂棄金去金車之逃者急引兵来捕索碩大至鴨江東
藹忝藁棄而宵濟還滿洲歲餘往吊其友醉臥村舍會日
本巡兵潛行者聞之棄醉縛碩大碩大伸臂奮呼鐵索皆
斷日兵喈曰壯士也遂以鐵片折其臂脚囚平壤獄黃鳳

仁聞之歎曰吾不能救碩大生亦何為吾將刼其囚而脫之其弟鳳信曰忍使吾兄獨赴死地耶二人懷短銃夜破獄力窮被執日本警官問刼金車者誰也碩大曰我也曰同謀者誰也碩大噫而笑曰爾看我狀貌堂堂豈賣友求生者耶五毒備至終不言又問金將安用曰購兵器殺若曹也又問汝嘗為義兵殺我幾人曰八百警官曰汝妄言安能許多殺也碩大笑曰八百吾恨其少乃謂多耶問鳳仁曰汝亦豈刼金車耶曰吾實與其事又問鳳信鳳信曰我實其人吾兄不與欲免我而自當也兄弟爭自當不可辨遂并殺之日人亦相傾稱義士義士云碩大妻禹氏聞碩大過害飲毒自殺

君子刀銘 以竹根裝刀甚精巧谷城丁君鳳恭所贈

數寸之長秋水泱泱其氣可斬鯨鯢而韜韜其鋩吾將置諸笥乎孰賞夫工之良將佩汝以自修乎而其名不吾稱嘗

川愚居士家傳

柳絢秀亭致絅自號川愚居士始祖有上將軍挺者仕高麗以功食采于晉州遂爲晉州人後徙丹城居士父遠輝教以法度居士無敢違性至孝九歲喪母郭孺人哀能動人父出莫歸必候於路或至夜深立乎風露昏黑之衢者必居士也父病嘗糞侍藥四十日不懈郭希贊鍾錫素有

重名居士之從舅居士從之學經旨儒術得於叅賛爲多叅贊器之居士爲人氣強而慤厚吶然終日於稠會中不屑指顧而議事者必待其至而決嘗有疏族無頼子母死不歛而埋居士曰噫是可人理責哉躬具衣衾改瘞之隣有嬉于酒者取人之牛償酒錢居士出金還牛曰隣人爲盜隣人之恥以是隣里感服有梁伯鸞王彥方之風自經乙巳國變不樂家居遍遊名勝以洩壹鬱之氣登頭流山絶頂曰此吾帝座咫尺可因再拜大號祝天曰願生眞正大英雄濟此蒼生旣已又大哭又縱游南海上歷覽李忠武水戰處賦詩述懷其詩多疏宕悲慨居士少善功令不

信晩喜讀心經近思録不肯措意於文詞曰此事已付之
兒輩然至論人詩文鑑別過人卒前數日使人擔輿行原
野曰是亦觀化之一道也有友人來問疾愕然曰何至此
劇居士舉手指天問今日思慮何如曰死生之理已知之
矣遺書二子曰天下難持者莫如心易從者莫如欲正須
難易處用功翛然而逝壽六十二子海曄海性讀書繼家
學云

賛曰余嘗與居士胤子海曄書論處世之義居士取其書
而讀之謂其子曰吾恨不與此人遊我死汝可乞言於是
余雖不識居士居士其知我矣余讀居士之狀而想見其

爲人雖不以一善自命然篤實內美又往往見疏宕慷慨臨卒之際知其有實得余言雖不足以重居士亦可謂知居士矣

答柳晦敫書

昨拜辱疏審悲哀中起居無毀慰幸曷已俯囑先丈家傳辭旨懇摯又推許踰分不敢當先公所命之語雖荷相知之感顧茲弇陋何以副張李友之望秪自愧赧僕自去國以來不以生人自居凡人身後文字未嘗下筆足下已見諒無容贅陳蓋傳則異乎碑誌所以私錄於巾衍意有所到時自記述非敢望傳聊以自娛然人求而應酬則播人

耳目與碑誌無異非平日所執之義所以逡巡難之然令於先丈之傳不敢一切辭之者竊有感於存沒之際不可以孤負但文辭樸陋不足以揄揚盛德愧歎愧歎此傳視家狀誠簡然傳與家狀體裁不同傳貴辭簡不惟傳耳誌也碑也傳也皆所以求傳也苟欲悉載無遺累累然冗長其於傳之之道遠矣非敢以傳自許其義則然未知高明以爲如何不宣

祭再從弟聖民文

辛酉四月二十日某干支從祖弟聖民客歿江界郡柩從船下泊于龍灣將東還故鄕堂兄耕齋老人不得躬訣替

送孫兒愚商以酒果之奠哭告于柩前曰烏虖聖民奚至
於斯老親在堂兄弟分離方技求食奚適不得遠挈婦幼
胡茲絶域蚕殘客亾人或有斯豈有其情如君之悲君幼
而孤就我受書以是之故肥兄視余去歲勸我接梨之居
憫我衰老眞意藹如仙爐峽蚕亦見哃哃我戒其飲痛切
屢戲豈其受病不由是歟聡敏過人器宇軒軒如彼櫲樟
干雲方榮既培之厚胡绝其根噫君才知疇不如之良馬
服箱嗟不逢時素慢傾流泊于龍灣盈盈一水隔我鐵關
神往意去漂此氿氿皐号遠送好去鄉山替孫酹酌表此
心肝

祭川愚居士文

辛酉七月之旬川愚居士柳君小祥為文寄其胤海曄使人讀告于靈几之前其辭曰遇之於途不知為誰名以告之躍然相持存沒之際情則無歧邈乎冥乎不見其儀不面而知是謂神交文字相契若投以膠忽焉千古如夢幻泡潛德之士不屑為名李友之沒尚取韓銘有不可泯豈無其情余非其人曷以能當史例云云言行彌光惆悵四顧賞音其亾使之悠久非予敢知知人用心君有肖兒繼以為好慰我之悲及祥之日遙寄酹辭

耕齋居士自誌 戊午

居士姓李名建昇字保卿故韓國江華人其先出於全州目以爲貫以我 定宗別子德泉君諱 爲始祖七傳而有諱 戶曹判書謚孝敏公是生諱 輔國判敦寧謚孝簡以名德顯曾祖諱 成均進士贈吏曹判書祖諱 吏曹判書贈領議政謚忠貞 太上皇丙寅洋寇陷江華仰藥殉于鄉事載國史考諱 郡守贈吏曹參判以循良稱妣坡平尹氏 女性至孝介潔生三男居士其仲也以 哲宗戊午十一月二十八日生于江華沙器里娶東萊鄭氏部正基悅女無子取族兄建繪季子

錫夏爲嗣不育而夭以兄子範夏子愚商爲後居士中
太上皇辛卯進士甲午宰相辟政府主事時國事日非亂
逆用事居士不就自是無意於世與伯氏寧齋公隱居讀
書務農自號耕齋居士乙巳日本奪我國權居士與參判
鄭元夏約死而不能死閉門不見人旣而歎曰我雖瘐死
室中何益乃傾貲建學校以教育爲己任曰吾豈不知精
衛塡海徒勞無成姑以盡吾心而已庚戌國亡棄家向中
國滿洲將行寄洪參判承憲言曰吾旣不死於乙巳今又
苟活爲日本臣民不忍爲也我今去耳至開城郡承憲亦
至同車直入滿洲之懷仁縣恒道村先是洪鄭二人皆寓

江華與居士講臨亂處變之道至是元夏先入恒道後至二人依元夏住歲餘範夏挈家隨之曰豈可使吾叔父歿於道路耶住恒道數年我僑民多患水土死三家徙安東縣承憲尋卒居士寓接梨村舍種稻賣藥以為生日本巡查來勸居士入民團民團者日本人部勒我僑民隷籍日本者也居士拒不從再三強之愈甚居士曰吾所以去國來此正不欲為日本民所謂民團何為者巡查因畫地為左右曰左者不入團而死右者入團而生將何居余起身移左曰是吾地也巡查瞋目曰子以空言易之耶明日銃口向子亦復爾耶余披襟曰何待明日今亦可矣何必銃

殺君所佩劍亦可以試巡士隱遇百難化矣遂不復以民
籍問隣里中華人因稱為不籍李[illegible][illegible]云然居士常悒悒
有遠去意而卒老病終于家有著詩文若干卷以某年月
日没某月日葬于某原銘曰
我無死責不死誰其非之曰死而不死是誰欺卒以老斃
牖下吁其悲

祭鄭景閒 祥燮文

嗟嗟景閒天胡忍斯親在異域窮老仳離弱子寡妻無以家爲嗟嗟景閒有知無知被誰之迫曾不少遲鄉隣姻婭恁年相隨情好既篤骨肉視之亂暨尊公共請于茲我輩已矣生無所裨君尚未老不辰之悲才氣英銳亦諳時宜迹與心乖年隨時移沈吟踟躕已斑其鬚落拓疏宕亦或取誚薄言淘寫而不踰防廉介之操窮不移常錢至十萬鮮不易腸君心如水視若毫芒人或未知我有試嘗雖有薄過分短尺長君無辰試以此推量鷄蟲得失獨見鳳凰埋之厚土千古茫茫老友知心述此悲傷

梧坡居士集叙傳

梧坡居士崔炳祐字孝中梧坡其號也上世有自唐清河来寓全州者後遂為全州人鼻祖高麗侍中完山君諱阿中世徙嶺南世貧數遷徙不能安土然嶺之宜寧郡乃其鄉也父曰鳳植母漆原尹氏居士娶潭陽田氏生四男某某孫曾方生者未艾也余弱冠家京城居士客于余共肄時文寢同被食同器且十年矣居士為人端慤善容物人不見喜怒吾家人至婢僕皆稱梧坡謂其無喜怒也然頗廉介不義之物雖一毫不取嘗與余游終南山中藉草賦詩有惡少年羣射者見居士衣冠踈野相與目之引居士

手脚揭之作引鍤濬溪狀水泥沾衣襪淋漓居士徐整冠
復坐捋鬚吟詩如故恧少相傾歎曰真長者也相率来謝
自是同業人輒稱長者長者居士微笑而已居士工詩文
深於經義然再屈進士試濩落無所遇親没則曰吾爲親
命應擧今何必哉遂閉門讀書天文地誌而至律曆字音
清濁之辨無不淹該多與先生長者游駸駸有盛名自甲
午以来科擧廢而國遂以亂久不見居士及吾兄没居士
千里来吊于江華鄉廬相與論别後所學其醇深博雅視
十數年前有截然不同既而余西入滿洲存没不相聞又
數十年頃在戊午春從其隣人西来者始知尚在人間年

已七十餘矣貽書相問不踰年而居士沒悲夫居士之學專於經義到老彌勤因以自治其身所以闇然日章者皆余所不能見有著梧坡居士集若干卷居士雅不以作家自命有以文辭求者居士遜辭曰我始功令士文辭非吾所能其言慤實真長者也今以其遜辭不居者而論其詩與文非居士意姑叙其生平與余相與者以爲叙傳

澤齋銘 并序

山清柳晦數隱于都山之谷命其讀書之室曰澤齋求銘于余取易大過之卦也不曰澤風而曰澤者省文也曰取大過而不言取何辭者意可相喻也大過之象有曰獨立

不懼遯世无悶余嘗諷誦是辭曰士處今之時不如是不足以謂大丈夫蓋心竊慕之而未由也晦敷之意可不言而喻也程子曰大過之時非有大過人之材不能濟所謂大過之時困屯之謂也大過之人若文王周公孔子是耳文王之羑里周公之東山孔子之欲居九夷其所處之時不同困屯一也所以濟之者能不懼爲无悶焉而已其所以能不懼无悶非能敢於困屯之時得之於平嘗無事之日可知也時有隆有污澤木有時而不滅獨可使衆遯可使亨其所以能不懼无悶者未嘗改也然則吾輩今日之求毋斷斷乎澤風而先求吾方寸可也未知晦敷以余言爲

何如也銘曰

我有所養萬甲藏胸我有所得盎然內充恃以無恐確乎其中巖處林居如建牙纛本之於心于遯于獨文王在前周孔在後是爲我師若親稽首炯戒不昧庶幾有受銘屬于子義則同敢

玉盞銘

當其虛有用之實不有其性焉有其質溫潤也故能容物剛堅也故能不滅乎酒乎茶用爲器之美器之者人玉之所以爲美溫潤焉而已剛堅焉而已

其性也溫其色也栗其爲德也可親而不可褻琢之磨之

欣此瓚之瑟不有磨琢之者安所見其美質不有其質磨琢將安所施吾將澆吾胸中之磈礧舍汝而誰

檀湖居士哀辭

檀湖居士閔斗鎔字仲七其先驪興人後徙江華與余同鄉里故相知最深居士性廉介非其義雖一毫未嘗取老益窮獨又貧甚或屢日不食猶吟詩自如未嘗見慼慼色喜飲酒得佳詩輒自酌飲之曰今日詩稍可意可消此一盃耳自余西來念之不已與人語輒下淚誦老杜詩生別常惻惻之句去年從子範夏還國居士來訪沙谷敝廬入室左右顧若有所覔曰入其室不見其人因下淚汪汪告

之飮食卽拂衣去曰吾不能食也盖居士於余有至性如此
還来幾日而沒悲夫余雖心好居士而居士之念余常過
於余之念居士余安得不重爲之慟哉及祥之日乃作哀
辭以寄辭曰
歷交道之多歧兮疇能久而不衰或朝懽而夕跡兮或面
訣而背訾或蔚枯而擇集兮或因勢而隨時何吾兩人之
相好兮閱桑海而不移我愛子之清詞兮子奚取乎余爲
每念余而垂淚兮托幽情而寄詩忽天涯而泉下兮旣生
離又死悲自去春而音絕兮樂蓉城而不復我思信蓉城
之殊不惡兮曠無絆而無羈奔尻輪而馳神馬兮横四海

而自怡豈或來游乎馬訾之北兮余何由而知之有知兮
無知姑以叙吾之哀

垂卿墓誌銘

余弟有志高而行篤才可以有爲不幸而夭者曰建昆字垂
卿號曰蘊山故韓 定宗王子德泉君諱 之後曾祖
贈吏曹判書諱 祖吏曹判書贈領議政謚忠貞公諱
考郡守 贈吏曹參判諱 妣坡平尹氏諱 女
贈貞夫人君娶慶州李圭聞女一女無子取從祖兄子璟
夏爲嗣女適鄭浚謨君幼即俊爽好弄不喜讀書既冠伯
氏寧齋公諷切之亦自警省然竟不甚讀書性至孝善使

養父母常婉嬉膝下如嬰兒隨先君安義官所先妣患痁屢劇君夜必涕泣禱天痁為少已及先妣還京寓疾亟君斫指餌血先妣竟捐諸孤扶櫬歸鈥谷鄉廬旣塟始讀書多不通坐僻處潛心究解歲餘悉通之旣免喪先君寢衰所之郡縣必以隨之君為人周通有智辯然臨事必審慎不用智類先君以此每邑有大事必詢之其言多契先君意先君嘗言此子人才也及先君沒于梁山郡署君封左右掌取血進不驗二凡奔喪追至君獨指授治喪事衆皆稟命於君無所施與於人而人自感服易使凡君所以感服人者至誠之中又駕御有術雖急遽哀痛之時而一語間

發能令人醒然心開以此逐莖千里徒屬數百十人闐然無譁未有一事之疎謬君既喪二親假書塞悲有見於文章之法其為文往往中度歲辛卯元朝夢鳳凰集于庭感而為文遂以聖賢豪傑之事自期其為學自持敬始以卽體為用澤普萬物為準自信自慊不蘄人知雖二尺眞知其所詣如何至沒之日張瘁劇將終余問汝今日意思如何君曰弟年來所學不為無益之動心且欲於死生得少力耳使人加冠袍於身扶而坐北牖下對祠宇肅容若為禮者弟婦泣曰願來世復為夫婦君微笑曰果有來世使我為婦人耶我則不為君亦安用區區復為婦人哉少頃

氣絕家人將舉哀君引伯氏手畫字於掌早晩有是四字
弟婦裂指餌血弟為蘇之以其手示之謂無效也舉手正
冠而沒　高宗皇帝三十一年甲午四月二十二日也是
歲五月千支葬于江華郡沙谷宅後壬穴得年僅三十二
嗚呼昔顏淵亦三十二而夭然幸得夫子而益聞道其沒
也名垂無窮夫何憾哉雖然使顏淵不得夫子而泯沒於
陋巷後世誰知之者知不知固無與於其人而實有其人
而泯然與草木同歸朽滅天下之可悲孰如焉世未必無
其人將安知其為誰而悲之也余於吾弟之沒竊有感焉
而慟之也君之沒伯氏收其篋稿為叙傳今畧其文而為之

誌銘曰

鳳凰不時兮而匪祥兮歊此汶汶兮倏焉翔兮鴟禎梟競兮壽無殃兮天不與善兮憯莫昌兮世衰氣薄兮哀斯藏兮

與金君在華書 壬戌

頃在戊午秋獲奉辱書得以結識於二千里之外欣慰如何書中語皆論先兄文章直節方之古人是可恭聽而已無可辨且賜荅也雖未即修謝可無逋慢之誚然錙銖以去固載而來且愧且感日昨成君純永先施以書讀其詞亦佳士也僕年來獲與嶺南諸君子文字相知其筒盈篋顧此衰陋何以得此雖未敢當亦足以自詑也竊聞近日

南方文學之盛炎炎如也曺深齋之門尤彬彬可觀使人僓然有願從之思而未由也隱世方以讀書之士爲無用而擯斥之譏笑之而如足下者惟尊其所聞而樂其所學毅然若不悔也不以不遇爲戚在足下固善矣以人視之亦可悲也已竊想峩冠褒衣讀書講學以師友之相知爲至樂亦惟斯文一脈賴是而得存於一隅何如其幸也蘇子瞻以周公爲不遇又謂周之富貴不如孔子之貧賤蓋以周公不見知於骨肉而孔子雖困於陳蔡與門人相爲知己爲可樂其言雖有爲而發要之天下之樂莫如相知有知己者存雖一二人未爲不遇也游於深齋之門者師

友之感如此其相許以知又可知天下之樂孰如焉不惟譏笑者爲不知向所謂可悲者亦不足以爲知也僕嘗與洪侍郎承憲鄭侍郎元夏携手西来始寓懷仁三人常聚首論文相視莫逆甚困苦戹窮人所不堪而恬然安之者不自知身在異域洪侍郎墓草已宿鄭侍郎分離不可復合僕今所與游者滿洲牧猪兒而已每思南方士友相與之盛爲之心折今所以爲此言者蓋有感於存沒離合而亦以廣足下之襟懷以不遇爲遇以可悲爲樂易曰獨立不懼遯世无悶斯之謂歟頃辱書法度縝密近古然惟其縝密故或損疏宕之意今距其作已五年久必有進乎是

者幸示之不備

答成生純永書

日昨獲奉辱書又示以烈婦書氏實記文詞贍暢可喜諷誦欣慰不能釋手僕於足下知已久矣嘗讀韶濩文知足下年少才茂又鄭君嘗晉亟稱足下文學僕因以耳熟思見其人而不可得則思見其文詞亦無從以得今既得之如逢老要盡可知已然來諭推許過實愧甚愧甚足下學於書深齋之門深齋經學文章蔚然為南方之望足下必有所得足以自信而猶且馳書二千里之外求聞切偲之言是足下之虛受固美矣顧此皆襃其何以益之也將勸足

下固守其已得而加勉焉而已是亦不爲無益也耳士所以能自扶乎流俗者非有特見不能其求也非名其得也非利從吾自心中起見爲而已使之而從之沮之而止之䃺䃺者耳孟子處戰國從衡之時獨以王道自任韓退之家六朝浮靡之風一變其文章而有見於本原嘗孟子時以孟子爲迂論退之文者以退之爲怪然以今視之所謂迂與怪果何如也故豪傑之士不以俗尚俯仰斯爲特見今天地變易以古聖賢之學爲無用於時而擯斥之京師書肆欲購九經而不可得村塾不讀詩書俗尚之變易如此吁可悲也獨深齋之門講學讀書之士炎炎盛也若不知

世人之擯斥而所謂名與利無足以動其心非有特見何以及此僕以是知今日之學者爲名也非爲人也真也非僞也或因學而及文因文而見道眞敎[illegible]也足下勿以俗尚動其心固守其志得者而進[illegible]雖未用於世可用於身未用於今必用於後足下其勿疑焉不宣

答成生純永論書烈婦事

往歲因李君炯始聞書烈婦事作碑銘今春朴而貞示烈婦實記曰此爲烈婦同郡人所作可信也僕讀其文竊自言此非村學究所能爲其必知名士猶不言誰氏作今乃知爲足下作今按實記與李君所傳畧有異今并改之實記

曰夢至一處僕則不書夢字嫌不真確也明言郭生死然
後烈婦身代之切著今以謂夢則郭生之死寐也非死也
死者安有夢耶郭生之所至烈婦之所言皆精魂也非夢
寐矣郭生雖自謂夢其或樸野人安能辨魂夢哉李長吉
所見緋衣人亦不曰夢況烈婦之事尤當表信其異徵耶
僕所以不書夢寐寤也實記所載賈女事僕始不聞歸熙
甫記張貞女事必書其靈異今可追書然賈女事異於是
有難言也烈婦所以辨死者縊耳諱其縊乃諱其烈甚無
謂也賈女雖愚賤亦具彝性若聞其縊豈有此慢言哉賈
女也問烈婦自殺耶曰非也彼輕佻女子容有此慢言郭

家諱縊正自招慢也烈婦有知宜不以爲罪何至使之昏倒瀕死也不但人事之失當鬼狹亦過矣然使賈女不至如羅池廟過客詆其所以原之也歟其事不足以書故不書不宣

甲孫訣語 壬戌

昔吾從祖兄有九歲而殤者吾祖考忠貞公爲文而哭之況吾在殊邦不得拊汝一慟吾安可無一語以訣汝也七月十四得汝父書汝以七月四日死汝病前數日寄吾書無恙也豈其夢耶果其夢也何經日而不覺也汝九歲吾手寫小學授汝讀讀無錯誤又讀不厭吾以是益愛甚及

汝還國慧悟日增人皆譽之雖不見汝可慰吾心又見汝
書如見其面去月寄示其作文雜國漢文論父母恩一篇
頗有條理吾為之稱善加批點欲寄果品賞之汝不能待
也汝每語人曰塾師説文義未若吾祖之明暢易曉秋將
省吾祖學三冬書無人送我吾能乘火車獨行吾聞益奇
之欲使汝父率來汝又不能待汝被誰驅遣而不能少住
耶凡幼穉能語而殤者最難忘情蓋情生於語言故也今
汝能解文字吾何以忘情耶吾猶如此況汝父母耶汝天
資清剛孝友之性已見於幼時待汝之長所期望者甚厚
豈意十一年長養一朝棄捐耶吾今為文兼寄果品以實

賞文之意使人就汝埋所讀之汝能覽此文哎此果曰吾
祖之賜云耶嗚呼慟哉

答宗人書

問比隣有在獄中喪母聞訃而未得奔喪今其禫月始出獄或云追服衰絰以至餘月可也或云以衰絰哭墓所除之可也未知如何爲可耶云云

京師近日所謂士大夫家父母之喪服衰絰者罕焉今海西有此疑禮之講論禮失求諸野儘有是也可不欽歎然昇於禮未曾學其何以言耶況此禫月出獄者誠屬變禮無可援之例難言也引類而旁採以合於情理亦或爲無於禮之禮耶今其人在獄聞訃必袒括矣哭泣矣然此擧哀也非受服也不必具衰絰如禮但得一尺布爲頭巾行

纆等草草之服亦可謂之服未知其人果有是否抑并不得一線布掛身上耶今追服之可否正在一線布之掛不掛耳若不曾掛一線布則焉可以過時已耶禫服不足以為喪服則其人為不服母喪之人可乎今所謂追服即禮所云稅也孔子曰遠兄弟終無服耶此兄弟之遠離者聞訃在服期之後則稅之謂也兄弟猶然況父母耶此又與幼不及喪者不同七歲以前無服禮之所不論在因而不受服非禮之所許不當引此為比也奔喪之禮有先滿先除後滿後除之文兄弟之奔父母之喪者近者先至先受服遠者後至而後受服大期之後有一二十日未除必滿其

日數此爲未成服而奔喪者言也今其人若在獄不曾掛一線布則與此異異哉日之未滿且必滿之況一歲之久耶以愚見言嘗自禫月爲始作練衰經服之必滿其日數似合情禮矣既過祥禫則生布衰服太過重故練之至二十七月而除之恐可或必以爲然則父在而壓重之義安在此有不然父雖在自禫始受服至二十七月則受服之日實十三月非滿三年父在壓重之義在其中矣或又必曰衰服既脫則禫服終不可見何不二十九月而除之如此然後十五月而禫方滿云此又不然所謂十五月禫者何嘗見於禮文耶禮則曰中月而禫中者自大祥計月間月之謂

也以始慼月計則十五月今祥禫已過矣後受服則安有中月之可言耶中月者以大祥言非以受服日計也禮不云乎過時無禫二十七月之後焉有中月之可憑準也雖然以上所論以在囚時不掛一線布者而言如或掛一線布則雖未備亦服也不可稅也稅之禮爲全未受服者設以服之未備而稅者未之聞也只可以衰絰笑除於墓前如來諭所言似可未知如何

與友人書

昨奉惠寄欣慰曷已俯囑先丈墓誌竊惟平日景仰之意與兄相好之誼不可以辭然弟自西來不以生世人自況絶不爲人作墓文執守之牢且已久今未可遽改也兄既與春世相好何舍近而遠求弟之蕪拙也弟既辭之已不嘗推諉於人然念吾相與之義不比餘人豈可不謀忠而徒以辭爲得計哉兄嘗言春世之文固近日之良手然性緩有求文者延拖或至數歲出之不易得之甚難兄今不求文於春世豈慮其難得耶以爲難得者求之不誠故耳若盡其誠意豈有是哉頃聞一友人求其先人墓文於春

世援家狀於春世之前爾汝言曰汝可作此否可即速也噫慢孰甚焉此所以出之不易得之難也古之以作家名者每為人作墓文其所以自重者往往使人可笑韓退之作張季友墓誌曰其兄子塗與其弟庚扶等進韓氏之門伏哭庭下王荊公作胡舜元銘曰我為之銘千古不磨魏冰叔為兄子世傑作其叩鍥墓表曰世傑經冠首帶泣而拜伏於句庭下非有關係於死者言行何首言求文者之誠恭累累至數行也千古不磨又未可道觀斷言何其自夸也不惟此數子能為文者莫不然所謂自重者是也文不自重不足以傳後重其文所以重所為文者衆非自重

其文者張李友胡舜元魏氏婦誰知之者由是觀之求文者不得不盡其誠恭爲文者不得不自重其文後之人亦不得以笑之彼爲文者曷嘗徒飾虛辭以誣人哉古之人爲其先人求文者誠伏矣庭下示其誠恭固如是作文者必書其誠恭之狀不如是不輕以文許人也我東俗陋殊不知求文之難如此不擇文之高下惟視官爵之崇顯以草草不儀之幣物求之不誠彼爲文者無自重之實則以求己爲榮而出之易得之不難以此求不朽其亦疎矣春世一進士然與其文則足以自重兄勿嫌其得之之難致誠恭如古人則得之必不難矣即難矣其於傳後必不難矣

兄其國之不備

答宗人錫夏書 來書云處本國者食其土隷其籍服其政令猶自以為靖獻不能無愧於去國者如之何其可也二

非意惠寄欣慰曷已雖未曾相識同我所自出豈以為疎哉況書辭贍暢剴切非讀書潔身之士何以及此在行路之人猶將動容求交況吾宗族耶益歎相知之晩也昇自西來杜門蟄卧足不出洞外不與人交所寓之地又中國之窮荒陋處居人惟販魚牧猪輩而已安得有文學士哉雖有之性不喜交游列黌冠與南郭子連墻二十年不相識此亦不害為處約之道也今讀來諭皆切問而欲躬行者顧此昏衰何足以副此虛受之意也所謂愧不愧在吾

方寸不在於處與去也誠如來諭則微子愧箕子陶潛愧管寧吉治隱愧金籠巖豈有是哉食其土隷其籍服其政今生値改革之世者莫不然雖微子之仁陶潛治隱之潔所不能免也古人潔身之道惟以不食其祿爲準閑而已處今之道不惟仕宦凡官府椽吏面里長亦皆食祿之類不沾其廩餼閉門讀書不與異趣者游是亦潔之道也凡物來而浼我者與夫我就物而自浼者逈然有别物來而浼我者我固無如之何我就物自浼者是固樂爲之古人所不爲吾心之愧與不愧於此判矣遠而微子近而陶潛治隱亦無愧於心而已古人所不得免而爲之者吾亦爲

之古人所不為者吾亦不為而已庶為無愧之一道去國
未足為多未知高明以為如何不宣

答宗人書

問全羅道高敞縣嘗有竹林書院享崔文憲公冲
翰林吳公學麟配享書院今廢不存崔吳兩公之
後孫多在延白郡今議復設書院於子孫所居延
白郡士林論可否紛然未知書院之設昉自何代
其義何居今延白復院之可否將收議至及於某
如何發議為可耶伏望下示云

崔文憲當時稱為海東孔子其說若過矣其盛德雖百世

之下可以想像宜有俎豆之享然今滄桑屢變人文幾乎熄矣豈昇平無事之日所可擬哉書院之昉自宋太宗石鼓白鹿鵝湖皆碩德鴻儒所嘗講學之地朱子以婺湖祀周程以爲不可者以其非所寓之地也我朝　明宗時創豐基紹修書院享安文成此亦文成舊基非其所寓之地無設院之例也書院之設有二義講明道學以爲學者聚講之所此其一也尊慕先賢就其所寓之地爲瞻仰之所此其二也國君爲之賜額以寵榮之郡縣供廚傳以享之所以備觀瞻興斯文之義也今其後孫設院於子孫所居之地非古制也噫誰爲賜額誰爲廚傳得所謂認許而設

院其榮辱視昔果何如也其果因此而興起斯文耶子孫私設而私享之私稱院號不過崔吳兩家私廟而已士林不當有可否之論也旣有俯問畧言之如此亦吾兩人花樹下私談幸勿傳說於人如何

答諸生瑛根

近聞大嶺以南多文學之士褎衣峩冠相與講學論文於大山長谷之間心竊傾嚮恨不得與之游年來得與成君純永金君在華以文字結識今又足下遠貽惠函辭旨繾綣如久要欣喜滿心用慰曩日傾嚮之思傾玆哀陋何以得此於嶺南諸名士也来諭所推許僕無萬一之近似惝

恍不知向誰道其何以對也足下與僕未嘗識面今崎嶇寄書於數千里之外求益於僕至此之勤也僕以空疎辭則恐負足下求聞之意欲有奉勉也則皆已所未能未言而自騂其顔姑借足下所喻宮樣粧以爲勉焉今有老醜婦懶不曾自爲容蓬髮垢面勸人以宮樣粧其爲可笑何如也然聽其言而日施膏粉不憚自可爲美婦人彼勸之者誠不知愧者聽而行之者未爲無益也士所以不能自立者患無志今足下恥意之不屬心之不專(諸生書中語) 其有志於學可知能擇師而游乎深齋之門其得啓發可知又何求益於僕耶然僕所以勉之者因足下之所已能而進

之而已旣有志矣則進乎立也旣擇師而從則進乎學成
而已尊其所聞行其所知斯可謂自立深齋經學文章求
之當世罕其儔矣或因道及文或因文見道是在學之者
才性如何耳顧今人文晦塞六經之旨將墜於地惟嶺一
區尚存其一脈當秦火之餘伏生申生之徒傳經於泰山
之下僕方以是望於深齋之門生其爲關係之重何如也
近見新進之士目趨乎怪見異聞舍已習之學而改其趨
嚮察其所趨嚮亦無所得畢竟踟躕顧望茫然自失者踵
相接始雖有志而守不固則往往敗壞至此可不惜哉所
謂自立者不隨時俯仰不退轉不改移是耳竊以是告足下

勿以老醜婦之言爲笑也卌頌起居珍重不宣

貞一軒詩集跋

周官采詩之法廢而婦人之詩罕見焉漢魏以來雖或有之而以賢媛稱者獨無詩何也其言行見於列女傳皆有學殖是未必不能詩雖能詩時無采詩之法婦人以禮自持不以詩播人耳目其道無以著見也古者女言不出乎外公父文伯之母閫門而見其親屬皆所以謹法度也若是者雖有動人之作必泯沒於篋笥間而已未必賢媛獨不能詩賢媛故詩不著見也余中表姊成毋南孺人今之賢媛也不幸蚤寡事尊章教顛子以孝慈聞治家勤儉有法一時士大夫家莫能及孺人自未笄時已能詩雖親戚

無得見者余弱冠時往拜孺人於京東古宅孺人愛之如胞弟余請見其詩孺人曰吾固不能詩即能詩事育之餘親執裁飪督婢僕治事奚暇及詩也余故為騈語曰婦人能詩固稀有可與言詩如弟者亦可㑹何隱之甚也孺人方裁衣合翦刀啞然笑曰吾無隱乎爾孺人夫弟進士君在傍慫之曰嫂氏亦用典語耶蓋孺人平居語言未嘗用文字時孺人且老矣而謹於女行如此況妄以詩示人耶余於是益歎孺人之賢而知古之賢媛獨無詩有以也孺人晚年居湖西鄉有土冦之難將盡室避之投其詩稿于火曰不可使吾詩為人所得難定嗣君台永復收其副草編

爲一卷請序于吾兄寧齋公及孺人没嗣君將刊其稿請余正之曰序幸得於子之伯氏跋宜屬子此詩之序跋非親戚不可余雖久廢筆硯其可辭乎孺人詩序文旣詳論余何敢贅非有孝子之苦心此詩亦無以逹今特言孺人法度之嚴與古賢媛義同亦可以爲近世閨門之範云爾

與曺仲謹書 癸亥

心每傾嚮而懶於操筆久未奉函悵愧交深不審比炎起居何似戀仰無已弟老醜日增而已近日久不聞于霖信息兄或聞之否但尚在人間則幸矣往歲先兄文集刊于淮南于霖寄書于弟曰先伯氏文集方刊宜有行狀附於文集僕以再從氏建芳名作行狀未知尊意如何弟荅之曰令公欲借從弟名作行狀宜先言於從弟然後作之可也不言於其人而用其人之名未可也從弟宜無不許竊恐事理不當然也從弟之文亦足以自作何借手於人也借名借手皆苟矣僕亦嘗作先兄行狀然未嘗欲附于

文集蓋既有自叙不必別為行狀然後文集可行也云矣
未幾日刊本至已以再從名作行狀弟以為既已刊附則
可因之也及視其狀則書先王考忠貞公正終事曰 太
皇帝丙寅法國人陷江華忠貞公本世寓江華見其事恐
為所辱引藥自殞云恐為所辱四字非吾祖之意也非吾
祖之言也忠貞公值城陷將殉語子弟曰吾世居茲土古
所謂卿大夫者豈一時官守比哉既老且病不能親枹鼓
募義旅滅賊以報國惟死可以明吾心且曰世將有以徒
死議吾者然國有難死亦不為無補也忠貞公所以辦節
之意如是而已言亦如是而已先兄作忠貞公墓誌亦如

是書之今于霦別爲一說曰恐其所辱果何意也忠貞公行略墓誌具在於明美稿于霦所日披閱何不依此書之且此非忠貞公行狀爲先兄行狀歷叙世系無用備述何以發此無稽之妄言也于霦亦必欲貶吾祖性本麁踈率爾妄言如此不足深責然爲兒孫者決不可題其名字於此文之下也後人之讀是狀者其必曰李忠貞所以辨節以是也爲子孫者寧可無辨哉弟所分傳明美集百帙皆劃去行狀而嶺湖所在本非弟所能去然使讀行狀者知其非吾祖之意亦非爲再從弟作則[illegible]可也願兄爲我宣言使人人知之幸甚自年前每擬以是畱兄荏苒至今日

昨有人買明美集於嶺南来者以其恐為所辱四字問於
弟曰讀先伯氏所作忠貞公文字無此語何獨見於此怵
也弟極言于麻之妄作今因此而陽然惋傷亟懇至此不
宣

海耕堂收草

海耕堂收草

西来偶存

庚戌九月二十四日辭家廟手持一節發西行如往隣里人莫知遠行也辭稷下忠貞公墓宿溫水愼周賢家範夏從子攜衾具来餞夜深轉輾口號

出門步步血輪困父母家鄉屬別人大地茫茫無我土不知何處寄吾身

少別千年正斷魂椒峰送我默無言此行剩得山靈笑胡不將身瘞故園

水雲蹤迹正誰依滿目腥塵去路迷城郭人民休更問不

知何日返令威

二十六日到松京登滿月臺

悲歌麥秀我西來黃葉蕭蕭又此臺五百年間交臂過後人復使後人哀

訪王原初出示其母金氏墓誌金于霖作文甚佳因題二絶示原初

崧陽城裏訪幽人滿架圖書不染塵握手無端相下淚新遺民對舊遺民

雲山韶濩許升堂原初學詩於于霖于霖一號韶濩堂萬里緘書誌母藏于霖入中國淮南仍不返滄海橫流今似此後人誰讀好文章

余方留原初家于森書適自淮南来要原初求吾宗峿堂進善詩曰自平日言之此事固汗漫而今則不然實皆可貴不可不傳如過廢殿之墟雖一瓦之微在所傷心而拾翫云余於此言不覺心折即走筆示原初

昆明灰冷海揚塵萬里猶存刼後身一瓦尋常誰拾翫讀書人是有心人

甘山詩苦古懽甘（李黃中甘山姜瑋古懽皆以詩名）進善清華可與三史例不須從范曄儒林文苑合同叅（峿堂雖徵士實非道學家當與甘山古懽同傳于森方擬作本朝史云故及之）

廢殿荒凉尚有臺池沙片瓦半成灰尋常懷古詩中境豈意於吾親見来

彩霞洞

原初携余往見北山之勝彩霞扶山二洞去城市不十里而近彩霞窈窕奇絶扶山疎宕軒豁皆中京之名勝

山行不多路窈窕洞門深細瀑懸空落偃松滿地陰他時應入夢此去若為心興廢自人事風光無古今與原初論高麗本朝事相視嘘唏

扶山洞

扶彩分名勝此居伯仲間下山多不愜隨處輒忘還木落
川原曠客歸水閣閒蘭成愁日莫詞賦動江關

示愼周贀

十月待汶園移寓貞芝洞高仁倬家得家書周贀
来吾家爲塾師授諸孫云喜甚寄示

出門無所思不以家累隨萬念皆灰冷并忘喜與悲惟爲
諸孫念荒嬉恐失時敢望傳世業要須姓名知昨見阿姪
書家塾延贀師舊交殷十七邃學焦千之舉手遥致謝感
君勞不辭兒如未馴犢鞭叱不勝犂使人嗔怒發邃色失
威儀何物盧學究秀頎能無歧 經山大師宗杲聞盧秀才有道往問修何德盧實村

學究無他能強問之盧曰無德可修惟於學人貧富不貳秀頎無歧宗杲起而拜曰貧富不貳人也猶可為秀頎無歧天也不可為也余嘗念之秀頎無歧天也之言實非過言也故今及之蒙訓猶餘事我心須先治以此相煩囑恐非念君衰遲憐寒燈下森然見鬚眉床梅正欲放無人與論詩尚念王氏語莫辭月下卮老妻時饋酒使飲梅花下周賢念余悵然不能飲云怡悵無堪贈聊寄五言詞

讀待訪錄有感

余於去秋偶閱李文度所著清國朝名臣錄至黃宗羲梨洲傳列載梨洲所著有明夷待訪錄視其篇名具自任之重可知余歛衽歎曰是豈無實而強為空言者哉世人謂梨洲不能死於皇明屋社

之日則竄伏窮山以終可也而薙髮講學爲非余亦不能無疑及留松京有張禹者爲余得待訪録示之其論君道臣道專以抑君重民爲主至有臣不當爲君死之語其心以爲非民國之重在我身上不當輕死講學傳道爲吾莫大之責視當時死節之人爲溝瀆之量不但薙髮講學時君世主有訧問道則將以待訪録授之此箕子之心法也安知非爲第一等義理耶遂題傳後將示春世惟春世可與言此

棃洲當國滅講學猶不撤挨繯與沈井磊落在同列雖無

官守責大儒與人别衣皂雜其髮何必講帳設世人或有
譏我亦從以說及見待訪錄方知公豪傑所言不見知篇
名已卓絶惟爲天吏言此豈辨口舌抑君著公理恣言忌
諱蔑孟子語可駭視此猶謹拙豈如叔孫通所學止緜蕝
範疇滿胸中冀人食井渫信有自任重不嫌磨與涅竊念
乃言曰箕聖豈容悦苟非天理純人道噫其缺所以三仁
事忝差非一轍熊魚與溝瀆此条誠難決非謂宗羲賢直
與父師埒盛德未易論容亦小名節我輩更何論只坐血
不熱可笑貧生人藉口保明哲

高生小屋有村童時來雜坐掴儮燈下談話紛紜

數椽土屋一燈龕擁僂隣童集兩三倚枕時時吾亦笑虎狼壯士鬼神談

孝兒烈婦説津津傳會神奇錯贋眞猥雜村童開口處時逢者舊傳中人 村童所談孝子烈女事其事多奇往往有金于霖所著松陽耆舊傳中事

憶諸孫

家學相傳豈易哉只關勤怠不關才遥知今夜寒燈下小學初篇讀幾回 時兒輩方讀小學初卷

蕭晨風雪打窓寒孤卧窮村意未寛髭髮稚孫應待我黃昏犬吠出門看

十月初一日汶園至松京春弟範姪亦來翌日登鐵

道發行送別弟姪

分手中京路去留兩黯然聯床留夢憑軾帶殘眠疎雪飄如柳寒雲薄似綿殊邦無骨肉何以慰衰年

午到涓城

依俙憶得舊遊春三渡恒河劫後身余嘗觀家大人於甑山官衙由此而行城裏風光休更問長堤楊柳斫為薪永濟橋邊楊柳數百株今無一樹存者

忽忽悠悠不自由今來怊悵又搔頭大同江水三回渡不識練光浮碧樓余曾再過此在守制時不得登樓今又火車過城外望而未登

登車瞬息度西州臺榭江山過電頭信美如今非我土無心獨上仲宣樓

到新義州留四幕村店望見安東縣列肆燈火沿江十里照耀如白晝

千家樓閣鏡中浮江北江南兩界頭儘是繁華也蕭瑟半緣兵氣半羇愁

和汶園

殷師麥秀又東邦魯聖龜山是舊腔夢裏家鄉尋故徑夜深風雪打寒窓來時已隔千重嶂離恨偏爭一帶江縱與綺翁相對面（鄭綺堂先已入中國懷仁）也應不及遇龍逄

入西間島者乘氷跃車以行時氷尚未合不得發淹留四幕行資垂盡乃與汶園謀買長木臨發賣可得

贏及買木無可售因此又遲幾日相視而笑

龍灣候雪已經旬前路崎嶇行橐貧故我今吾無定分那知到老作商人

農利無多賈患貧四民何者可謀身非我輕拋阿覩物錢神不喜讀書人

至月二十二日冬至從子俊玉以是日加冠云遥憶寄示春世

伏波畫虎戒吏部城南詩念汝加冠日當茲獻襪時家鄉来枕席前夜夢到沙谷氷雪在鬚眉那得桃源裏同居共一籬

又寄春世

朝起聞乾雀書来慰黯然往来惟有夢煩惱且須眠短晷

方添綫寒威正折綿旅窓披舊曆節序感流年

和汶園

曆書不復紀隆熙從此何須節候知記取桐溪詩句語秪

看花葉驗時移

休揀周正與夏正五星七耀不多争今年敬授非 君賜懐

裏猶携舊曆行

兼旬為客鴨江濱又見陽生節序新綠凍沈葅紅豆粥家

人停筯憶行人

九門魚鑰鎖沈沈鵷鷺班空積雪深人事不隨一陽復不

知何日見天心

與汶園往見威化島居民尚指點我 太祖駐蹕處

想見當時萬馬騰回軍此路啓龍興土民傳說如曾見玉牒揚徽尚有徵 肅宗時以威化回軍事加 太祖追謚 分派浮洲環小島臨江樓閣朕層氷兒孫感慕孤臣恨獨倚西風恐不勝

白馬山城

昔我相公繫此城胡天白日照悲誠兒孫莫恐今如許却向遼東作土氓 有讒 仁祖於清朝一日六勅来禍不可測白軒相公自當其咎清人捉 公去尋得釋

元帥威名四海知孤城一片鎮西陲至今能使蠻兒憊廟

貌依然似舊時（城中有林公慶業廟去年日人欲毀即斃、不敢復毀）

龍灣江上憶壬辰事有感示汶園

鑾輿西狩足名臣或執羈從又笑奏我輩此行竟何益統軍亭外淚沾巾

草檄紛紛血濺袍艱虞賴此二三豪莫論當日中興業堪羨諸公盡瘁勞

廟筭淒凉竟奏功天心錯莫會興隆古人有福詩並好駐足江干憶李公（李五峰好閔扈駕住龍灣有詩曰天心錯莫臨江水廟筭淒凉對夕暉此一句足以有歎）

電竿交錯鐵途紆直到遼東視若無售勢鴟張今似此不知何處寄殘軀（日人方布鐵途竪電竿自安東直至奉天）

身似寒棲未定禽西隣黃果亦關心我觀民俗重歎息舊片傾家例綠林

和汶園

馬訾江流枕屋頭鳳凰山色入簾鉤居民素号多殷製（義州人好着隱頂巾箕子遺製云）遠客南冠似楚囚道路湯湯何日至汀洲湫湫使人愁詩家誰有英雄氣鐵騎東征壯陸游（與文園談兵）

二十八日生朝

每當劬勞日家居亦悄然況茲去國遠荒塞羈愁纏凝思

瞻馬鬣馳神到鳩阡（鳩阡親墓所在地名）雪深應没脛松低纔及肩此境非眞相悽愴暮雲邊香火能無缺掃除恐無緣爲子而不卒惟有涕泗漣

十二月一日離四幕渡江雇清人商車發行

迹似浮雲懶卷舒遲遲行色出疆初（留四幕三十日始發行）病衰空擊中流楫貧賤堪乘下澤車（低價雇弊車并無帷盖）故國山河雙涕淚長程風雪一籧廬此身正似遼陽鶴却待千年返舊居（南北滿洲曾是高句麗地與汶園有吾輩今日返故鄉語）欲向神州歎陸沈胡笳一拍動悲吟丈夫不作窮途笑送者何知出晝心氷底江流鳴濺濺天邊雪意冷森森弊車

荒落無惟蓋老骨那堪朔氣侵

夕宿九連城

氊帽藍衣衆似星衆喧成籟撼踈櫨百人叢裏三聾啞以手通言以目聽（店舍百餘人韓人惟三人）

烹羊燔豕臭盈堂嘔噦終宵欲出腸虛擲銀錢酬飯價飢來惟飲熱茶湯（夕飯列膳三十種皆羊猪肉臟膻胃迸不能食以其初嘗異國飲食故也）

書示要須喫飯粳寥寥四座黙無聲汝曹莫笑吾聾啞一百三人摠是盲（書要喫粳米飯五字輪示座客一百三人無一人識字者）

興道收艸

十二月七日到興道村興道在淸滿洲懷仁縣西四十里萬山中綺堂先已入此月餘寓興道之北山邀余至其寓汶園寓其緦弟承國寓舍夜與汶園共吟

寄中又寄亦方便歲莫來栖興道川吳市神仙猶不死謂綺堂易堂諸子更相憐同志人先入者數三家沁南三徑渾如夢沁州卽吾鄉邑名往歲綺堂汶園自鎭川入沁與吾家近有三徑之從山北孤燈未盡緣欲望辰韓迷所嚮漫天風雪浩無邉

和汶園非山隱居詩

形骸非木石那禁鬢髮添銀險阻多千峽經過是百身山名

如待我江勢遠隨人（沿江至興道五百里）疑到襄陽宅欲忘主與賓

追和汶園除夕詩（辛亥正月）

殊邦餞舊歲孤客感新春爆竹喧終夜屠蘇乞比隣（綺堂得隣家酒飲余）依依如入夢忽忽獨傷神一事差強意唱酬有故人

余自稱北山寓公汶園以詩嘲之因次其韻

固窮不必送余窮恒道（興道或名恒道）村家作寓公故國銅駝千里夢短簷鐵馬五更風已知捷徑尋無處豈有移文在此中且待巴江氷雪盡扁舟容我一漁翁

辛亥春三月二十二日余買一廛於康溝亦興道村也來住新寓寄詩汶園綺堂

蓬户槿籬三兩家殊邦漂泊此猶奢驟來暮雨仍兼雪過
盡東風不見花越陌度阡成悵望採山釣水各生涯 綺堂 汶園
喜採山蔬 余喜釣魚 此間三笑知何處一曲清溪野彴斜 汶園綺堂 在鎮川時
有三笑圖

余始入興道單身寄綺堂待春暄擬辦若干錢雲游
四方宗子範戛排衆議西行曰豈可使吾仲父死於道
路耶亟賣田土辦資以辛亥四月二十四日至綺堂
汶園子弟亦至乃述其事示範戛

衆車何轔轔馬嘶巴江津提携行色遠驚怪白衣人我方
治菑壟住鋤望行塵婦幼何慣眼漸近指顧頻驟看如夢

寐異域對天親關河多絶險風雨又經旬念我途路死乃有此苦辛父叔無同異携手共朱陳(綺堂汶園之子亦各為其父來三家皆姻婭)汝責重宗祀義或殊二隣(二隣指綺汶)隆隆四世廟奈何此駐輪嗚呼是誰罪惟有淚沾巾家人不戚戚土室甘食貧躬作無僮指冬寒手瘃皴烟欝目常瞖(滿洲屋皆烟欝不散炊者多患眼疾)飯麁喉欲哽苟活貽汝累噫余患有身亦我雲游志為汝屢逡巡口體雖得養志願多未伸去國亦家室重愧梅子真荒峽多曠土志士紆經綸文淵少貨殖牧畜北海濱寧人經濟士墾田拓荆榛按圖地不遠要在滿洲垠往往於畎畝功業或超倫汝須勗諸子茲義講究新吾老將焉用空

慕葛天民蔔酒方新熟浣胸滌輪囷

汶園方寓杜陵患咳嗽浮脹要余藥方余則曰脹與嗽皆由氣不升降汶園不喜動作病不可治汶園又以詩求藥方余用次其韻以代藥方時余亦苦咳因名其詩曰藥方篇

杜陵居士病閉戶康溝老翁嗽不愈兩翁相望康與杜喀喀如聞破鉦皷面赤目努痰沫吐咆哮喑吒如嗔怒蔔飯不能膩其肚西方金氣攻肺腑壁冰砭骨竈烟苦矮屋打頭碍仰頫根塵欝勃損靈府咼器騷騷亦呰窳籠中草根奚足取庸醫不能驅二豎我有神方出仙簿藥王菩薩色

為憮轉樞不蠹泉不腐動作令人能化羽携履月夜習步
武振策雪徑強脛股榮衛流通暢器字火中生龍水生虎
杖屨翩翩疾如舞躩鑠是翁勇可賈御風直欲追鄭圃開
徑莫教阻蔣詡餌得良藥皆塵土惟有此術可支拄吾輩
衰老將何補壯心遠愧擊楫祖神州陸沈歎夷甫幼安西
來又風雨但願保此商服昇到老無恙頻相聚能令三旬
訪四五雖貧亦得辦薄酤谷口子真掃堂廡（子真指綺堂）襄陽
遁作好賓主我將用此為自輔君亦行之須力努

有饋木頭菜者分饋汶園既而汶園亦以木頭菜饋
余兼有五言古詩用山谷食笋韻奉和

春暮山雨頻木頭吐佳菜峽人攀險得食之不肯賣嘉惠方繼之山廚當庖宰肌理正剖析鱗甲紛破壞筠籃帶清詞却愁添詩債蔬筍氣更清胸中無蔕芥不有此相贈佳句疇紹介因想蘇與文燒筍噴晚嚼細和捫腹臥芬郁生飽噫秖愁芽漸梗無由續續採

巴江晚釣遇雨戲吟

雹光乍掣集爲雲水際鋪紅近夕曛捲釣歸来山雨急布衫真重七来斤

卅来猶得近江居樂水吾其智者歟手裏長竿勝長鋏先生不恨食無魚

饋汶園瓜汶園以詩報之詩甚佳薄往厚來受賜大

矣聊以俳諧和之

珍重六十字可與鮑謝倫青門博錢賣未聞與詩人薄物

邀佳句善賈莫如我諷誦青林下快若飲醍醐却怪饞少

宰詩待蔬果成 余嘗以木頭菜饋汶園汶園以詩恵之今又饋瓜得此詩無饋則詩不可得之矣

且將新麥熟繼此俟報瓊

次春世韻寄之

兄弟無知己迹殊意則同閉門疑絕俗去國恐非忠詩思

来春草羇懷感轉蓬回頭勞遠望雪意彌長穹

眼前皆弃窖皮裏獨春秋深居空悒悒遐想每悠悠展轉

仍偷活病衰欲忘仇仲宣赤 須念此地本無樓(来詩有仲宣眞倚樓之句)

感此朱蒙國西来眼欲明顛連皆後裔墜失舊家聲(韓僑之来寓此土者相屬於途吾人皆東明之裔而今来此土爲覊旅民噫其哀哉)大陸隨沈溺何時見太平尋思無善計且與幼安耕

題朴白菴(殷植)東明王實記史論

大腹便便貯五車白菴史筆徵扶餘周衰尚有尹闞令佳得青牛新著書(白菴嫻習東國歷史客游懷仁韓人尹世復習白菴著東明史論述東明事甚詳)馬訾江西渾水陽東明基業闢天荒二千年後空怊悵豈意兒孫返故鄉

史缺誌殘每闕疑西來始讀好文辭毫端颯颯邊風起想見東明用武時

浿水或疑鴨水濱不知何處是爲眞史論正得父師意仁者不應攘奪人自菴史論以爲箕子所都即遼東近地非今平壤若曰平壤則檀君後裔都平壤箕子不應攻黜而自居明矣

喚起吾人醉夢深聲聲木鐸動鷄林筆端滾出腔中血誰識斯翁獨苦心

釣魚 壬子

雨歇聽鳴灘欣然携釣竿溪流清見底魚兒上急湍紅蓼間稚柳掩暎置磯安鱖魚性麤快吞餌如吞丸宂居而罕

出遇之獲不難鯉也頗俊爽脫鈎使狂瀾往往絶綸走使人空咄歎鯽魚但舐餌翫弄何黠奸貪食又畏死情狀若照肝劃然揮竿處時見懸鈎端柳枝纍纍貫可以佐夕餐暴殄非我意獲少亦爲歡

壬子五月二十六日先伯氏六十一初度茶禮愴感述懷

蔬果登盤酒滿巵稚孫嬉笑弟兒悲腥塵不到泉臺下秖恐精靈不我隨

百感綳中雙淚零香升茅屋雨冷冷將心冥到墳前路剌眼真珠(峰名)海上青

積累刹那成古今盛時内集眼森森新篘笋酒松香細曉
摘櫻桃露氣侵
那復恨兄棄我忙至今苟活自悲傷縱然延得幾年壽判
不同吾銜此觴 此首當在第五
新婦入廚烹割親諸孫薦豆拜拜趍頻僂然那得如將見此
輩俱非逮事人

重陽和汶園

獨自登臨送夕陽西風搔首望家鄉此身不是眞元亮合
採籬邊假菊香 此無黃菊有瓣小而雜色謂之假菊
一任床頭自卧壺重陽不恨菊花無茱萸髮短那堪揷盛

世風流已矣乎

邉風颯颯病餘侵脫盡楓林雪已深節届重陽渾不識詩来惹起故鄉心（不知今日為重陽汶園詩来始覺来詩有還望故園籬下菊寒英荒徑為誰開之句）

綺堂寓清人隣舍主人不戒火燒其屋徙于船所村距此十里悵然有作

焦頭爛額集胡兒後笑先咷捴不期（失火咎在綺堂當酬屋價雖傾家無以償火定始知失火自清人乃釋憂）笼底残醪何足暵罌中餘粟不煩炊（綺堂笼醪飪粟皆燒）清貧已省車輸力還徙曾無席暖時（綺堂西来二年三遷）去者何如留者意此情惟有汶翁知（綺汶與吾同住康溝村今綺去汶留）

纔漂鳳泊在天涯灰劫桑緣迫歲華眞遣牛車離火宅不

妨漁艇去浮家綺堂所僦村名船所故云比隣未拒三年共隔水風烟十里賒祇為區區生產計無端聚散似摶沙

余方苦眼病夢有道僧誡余有書曰須護惜葡萄因以眼病熾然說法覺不記何說但護惜葡萄一語明了稜嚴經有眼如葡萄顆之語僧必引此誡我勿看書護惜眼也因演而為詩

病從何起翳雙睛蒲柳年深蠹自生記得夢中禪子語葡萄兩顆寂關情

薄雲點綴轉塵沙向壁觀心學道家自笑一生皆妄見偏從病裏怪空花

暮景騰騰鼎器戲斑毛搖齒與相欺肉囊皮帒元如許五
十年来始覺知

少時作字細毫茈翻悔當年費眼光廢却有書垂睫坐無
端又發定中狂

鑽紙山蜂始懺除尚留口業未全踈不妨水母憑蝦目得
句兒孫與倩書

始自何時頻似今饞甘牛角不知侵病雖得已明仍減他
日看花霧更深

披開雲霧月旋明拂拭塵埃鏡自復覽物無端空悵然何
時還我本来目

寄春世

餘生能得錢田春偶面三年惱煞人夢裏源源尋路熟書中惻惻見情真消磨壯志憐多病淪落殊邦患有身接李村名誠不偶可能與我共芳隣 余近買一庄於安東縣接李村欲僦居于此故云

臘月十一日垂卿生日感懷

寧齋以為兄復得弟垂卿此事堪消福隻影我獨行晚起空垂淚弟以是日生哀此劬勞感戴身不貳情乃仲顛倒迹老作中國氓萬念紛歲暮悲風動邊城凝神瞑目坐晳晳對盱衡嗟渠已塵土常入我眼明優曇偶一現見者不能名人琴今俱去於何復相逅使君處今日義必擇之精

豈肯妻兒守亦不辨死輕未知奚取舍要不作平平顔淵
值運薄林宗奈屢傾先歸殊不惡後死獨煢煢

鄭衡伯千里寄詩意甚眷眷次其韻謝之

繾綣情辭及不才存亡離合揔堪哀麻姑須眼經三變馬
氏愁腸耐九回惠好那無携手願當時未得并車來殊邦
一事差强意幸有羊裘徑復開羊裘指綺堂汶園

余嘗有謝綺堂饋菘詩汶園今次其韻咏菘示之余
復次其韻咏玉蜀玉蜀者中國所謂包米古人所不
道也

西來耦耕學老農故人起我疎且慵玉蜀處處利土性上

壞不種菲與葑有疣側出莖葉際群庶嶽嶽新養茸滿腹
明珠閼璀璨垂頭短髮紛鬈鬆偃旗拔幟忽清野家家穫
收際秋冬圍坐松明摘其實婦孺喧笑聊為悰磨碎篩粉
作糜飯盤錯盂餘兼薤菘残粒分與壓土租（韓儒借租清人田名曰壓）
土隙舍生理嗟附庸庶人玉食曩非分對此又愧游食儂
既飽思醉若望蜀釀而為酒醇且濃俗名㐌米稱其實衣
褁十襲縝無縫秋来如拳赤眉捷退甲欲齊熊耳峰厥名
不載詩騷字嘉實嗟闕紊盛供白帝令嚴庶草偃此獨倔
強如不恭天為逷民設此餉高秋勁質能自容東人慢憶
飯稻美且須喫猪休談龍稀播厚培别有法種藹新書刊

我胸開山且欸楚熊繹讀書邪可期萬鍾嗟我遠人有飢色餘生但願豊年逢

誚臟神

汶園示余綺堂書有曰此腹不識時勢種種作食肉想有得則病吾夫知其不可食肉而甘苦淡者我也但要食不能安分者非我也強名其非我者曰臟神為我作誚臟神詩云余往視綺堂眩暈臥不能起曰臟神困我至此子盍為我誚之余即走筆作誚臟神詩綺堂讀再三扶杖而起曰病若少愈云葢綺堂素患虛勞久不食肉則病發

汶公為示綺公牘康濟老人咎笑讀一日再食猶苦飢頭顱眩轉纈生目老來糜粥奚足恃此病非因榮衛縮噫噫此病我知矣蔬田久未遣羊蹴馮驩長鋏何用彈處約本分食無肉妻兒不作戚戚容山廚冷淡無旨蓄鼎食亂飲隨污隆不識時勢噫此腹百體從令皆安貧此獨不然其何穀將軍不負真鄙夫伯仁空洞徒食祿嗟余不具虎頭相安能為汝腥羶逐屠門大嚼差為快金帳燒肉香紛郁皮帒塊然豈有知臟神嗜欲多反覆胡不就彼以自飫守我形骸如枯木老吾豈為口腹枉豬肝終不累仲叔汝若不肯舍我去甘此黃虀與來菔慎勿更作食肉想使此衰

翁日嚬蹙

春世巹耦後有書曰從今惟與法喜爲妻讀之悽然

可念寄詩慰之

君今妻法喜我亦子禪悅兩人遥相念惻惻又生別舊慽浸若忘新悲思更切人道弟有福不知心獨折豈無娛意處言笑帶悽咽諸孫忝差長左右紛提挈洗腆子能養志體俱無缺譬如失侶爲獨受反哺啜修短若不齊只争眼一瞥牛衣留陳迹身後方見哲淑德著宗鄰不待惧誌碣誰復喚鄉卿衰病頻飢渴夜飲思旋止燃燈尋復滅豈無子與婦不時嬿煩屑兀兀常若客罕踐中門闑盡日坐悄

然聊復書卷閱森然如在目念君食屢噎尋常尺幅間不見辭悽絶潘悼太鍾情莊歌強爲說君子獨未然哀樂不踰節

余沙谷舊宅有千葉白梅所謂月沙梅是也嘗得之於京東村金姓人品甚佳每雪殘月白未嘗不黯然思之及見春弟贈梅詩重為之悵然次其韻寄春弟

用東坡松風亭詩韻

我昔伴汝海上村桃過十載同夢魂天地晦冥風雪惡玉奴應悔嫁東昏西來達摩沒情面一朝棄擲留故園萬種芳菲渾閑事我心灰冷不復溫惟有一念未能斷想見淡粧暎朝暾秖為緣慳非失寵上陽妃子常閉門世界本自空花現斷除煩惱欲無言每到月明雪殘夜庶遇縞袂獨撫樽

再疊前韻

我昔携汝泮宮村月翁去後留香魂鬚撚黃金趺絳蠟亭亭主立參橫昏吳市神仙留姓字主人西去守荒園自笑紇干號寒鳥念汝殷勤祈冬溫有時閉目森如見夜坐自生丹府瞰棄捐不是恩情薄莫教相如賦長門絕憐荒村無人賞獨保貞心悄不言煩君時到椒峯下為我花前倩傾樽

復次東坡松風亭韻示春弟

松風亭是何郡村我為髯蘇欲招魂人與梅花俱塵土泉臺一閉漆燈昏幾人和卅千載下鳥啾蚓吟遞芳園翁詩

海涵畜犀怪凌轢鮑謝壓李温咳珠唾玉江淮徧光燄欲射扶桑暾若使斯翁在今日噤默如入不二門是詩雖多將安用不如學得歐美言生不逢時吾何執射御未學且引樽

憶梅和檀湖韻

春回北陸了無痕不見梅花欲斷魂庶幾相逢空悵望烟橫月落水邉村

黃昏何立是耶非殘月微明點雪飛不識香魂何處返江千樹樹捴依微

蜘蛛綴綱壁煤封有護無人臧獲慵遥憶鄉山風雪夜亭

亭玉立為誰容

人生何處不傷心卻為無情獨苦吟自笑老夫頑更甚眼看桑海到如今

悲歌麥秀托寒梅滚出輪囷熱血来是處春風會相見風飄仙李幾時開

閱去風霜幾暑寒精華應減舊時看樹猶如此人何況一例衰容念老檀

題梁君基河所述輯安縣高勾麗古蹟記

此距百里有輯安縣縣東門外曰通溝有高勾麗廣開土王碑碑高四五丈望之屹然字大如中興

頌蓋兆闢南北滿洲南伐對馬島之頌功德文字多刓缺清人架木為棚梯塌碑文為業碑傍又有九層石塔最上層為房室宏偉無比若非人力所能為傳說高句麗王陵而不知何王陵廣開土王碑在其傍似是廣開王陵而無可徵其左右又小石室累累數百計想是宮人陪僚之葬云

崇碑屹屹又佳城縱目九都（輯安舊麗九都）壤適晴片石紀功真可語九原興感為誰情英雄割據浮雲變客子登臨夕照生懷古何須千載遠行歌麥秀又新聲

過峽村着耕

叱牛聲在白雲間襤褸何人啓險艱峽户不知一蛇恨清明時節燒青山

　峽人每於清明節火田

燒烟宿霧晝冥冥殘火風吹點點星閒倚楓根看何事犂痕蠶食草痕青

驅牛人似壁蝸懸教誨諄諄若子然忠信呂梁不知險耕來耕去白雲顛

　峽田多危險一跌則千仞矣

甲寅夏汶園綺堂以水土不伏議徙安東縣汶園先行余以七月船載家眷發行

去者已登舟送者立沙頭解纜久不發揮手勞去留江草湫不斷嶽色遠欲愁四載食其土深情在康溝二雛添新口老者病亦瘳正如謝巢燕回翔戀區區宿桑尚不忘噫井豈情由人生本寄耳安往非贅疣明朝投何郡懷仁亦并州

過太平沿

峽江何泓潏勢急欲横决羊腸與蠡文十里九曲折三日雲鞋山眼前猶巀嵲江流抱雲鞋百折回曲三日行可數百里而雲鞋山猶在面前兩岸

無斤土石根耐斷齧流迅淺口狹衝撞地欲裂縱有仁天
覆深悔百口挈寄語後来人舟行計須絶後来人
謂綺堂

接梨吟稿 甲寅

余寓安東縣接梨村安校理孝濟盧侍講相益先寓接梨相追隨爲歡蘭谷弟作三老圖詩次其韻和之

二老與游吾亦老撫樽對坐皓眉鬚新緣舊境恰相似惆悵當年三笑圖 余嘗與汶園綺堂寓興道時頗有虎溪三笑之趣及余寓接梨汶園已從綺堂尚住興道未出今與安盧爲三徑之從與汶綺興道畧相似

笠影婆娑徃聽鵑癯容野態畧相齊縱然得此芳隣好爭及天親手共携

我僕既痛馬亦痡閑門盡日似囚拘英雄不畏人猜得老態龍鍾山澤癯 蘭弟詩有從古英雄多種菜只愁阿瞞共提携之句蓋聞余種菜有是語也向有日

本巡查偵吾與安盧歸語其人曰接梨三老雖頑民皆衰老無足憂云

孤寄身如空谷逃只愁大陸盡腥臊方有中國東三首盡屬日本之語躬耕

幸有盧安耦春及西疇欲忘勞

檀湖寄詩問新寓之趣次其韻答之

接李固當我老檀將屬誰相望人宛在時欲出門之接李村南相望地有村曰老檀檀湖晚號老檀故云

往安東縣望見火車因憶檀湖

冷看車上人生面百千個那得載君来皺顔為一破

和王原初

中京何湫湫天末凍雲垂飄雪紛懷緒流光入鬢絲歛華

生實力發憤富文辭猶作嬰兒戲抱孫却不遲原初詩有抱孫遲之語時原初大人尚無恙

甲寅十一月十六日汶園之柩將返故國余病不能躬訣以詩代哭

豐山著名閥文敬有賢孫抗疏震內閣乙未八月坤寧閣之變公曁吾兄上章請討逆復讎疏入內閣見退困紱菀南藩除公爲忠清觀察之任辭疏十三上竟得遞文詞繩墨謹論議古昔溫發篋失聲屢詩札手墨存我淚涸已久那意又此痕猶疑寶山下公沒於安東元寶山寓舍長髯鬱鬱欻三逕知何處回首欲斷魂全歸如公少好去臥故園

直置心相好并世無此賢誠慤絶崖僞確守難回旋人生

圖為直幸以圖免焉乞醯雖微事聖譏非細德時人孰無
是而公獨不然斯為天質美知者世或鮮誌狀曾有囑奈
此文力綿君實吾何敢景仁促在先
去年携手来今日送櫬廻麥秀兼薤露此歌千古哀車迅
嗚呼斷江上獨徘徊我足限此水瞻望腸欲摧從此空宿
草無地可酹盃是處堪埋骨何必先隴陪腥塵滿一世應
不到泉臺感歎故人義返櫬仗疎財（汶園故舊醵錢返葬于鎮川）
昔住興道[illegible]三家共一村屋角正相望蔭暎隔林樊隨處
成樂坐暢談滌襟煩蔬飯篠瓦梳秫酒酌匏樽病每携藥
問詩好但雪論錯莫知昨夢零落向郎園想見舉到日荊

斂迎九原不有國穴人那免雜衆墦日本近設新法人死不得葬其先塋說共同塋地葬惟妻先亡者乃許祔葬今汶園祔其夫人墓

我聞太陽珠常欲去人軀去人竟何好離殼從自娛浮由遊廣漠蕭爽超濁汚嘗謂是眞我皮帒汝南壺嘗與汶園有此言不易南面樂莊氏非余誣縱欲依此說芒忽視之無惟玆苟延息貪戀駐隙駒驕箕人不遠俯視箴我愚

接梨新寓

蠻觸相爭竟是非吾衰不復慕雄飛昇平惟有華胥夢老病眞同杜德機雨足陂塘皆放閘草深院落欲侵扉稻田夏景如還國饁婦耕男盡白衣

敗局収棋始覺非昆明又見刼灰飛（中國方以革黨起兵南方大亂）冰蠶火鼠原殊性蓬鶚溟鵬各動機遠道提携雙蠟屐残年保守一荆扉空樽日日攢眉坐誰爲淵明送白衣

睡餘庭院且盤旋手裏残書未竟篇曲折細流通澮水空濛微雨近江天偶来西浦（接梨之西村日西浦）成三徑老去中華受一廛縱有新交難慰意死生離合兩悽然（念綺堂悼汝園）

二翁住此耦而耕只恐西溝日著名（二翁即守坡大訥西溝即西浦）運甓徒勞安致力（大訥方自造甓等墻）銜盃爲樂欲忘情（守坡善飲酒）玉堂金馬悲前夢瓮牖縄樞寄此生（守坡大訥皆玉堂銜）可笑當年檀道濟饅將麋肉説文明（守坡大訥皆不受日人賜金）

右屬守坡大訥

簾外霏霏雨似塵思君不見卧江濱代人理訟兒能養春世
長子以辯護士為人理訟以為業
到老為文筆有神當暑常憂添病苦春世
每逢夏患痞
移家差喜得書頻余自興道出此得通書信
睡餘倚枕知何事
且與諸孫雜笑嗔

飯後午睡

飢来喫飯困来眠到老持修一味禪萵苣包麁腹方實葭
蘆簟淨夢初圓自知生計如斯足方識天真得此全妙處
玲瓏知者少不堪說與俗人傳

遣悶

英雄吐氣豈無時病冗如吾亦自知燕頷虎頭非所願蟲

臂鼠肝竟何為稻畦送鹽泥粘屐菜圃翻耕兩眹犂墨汁
那堪為哺啜不妨躬稼學樊遲

與守坡共吟

殘年漂泊亂離時邂逅殊方是舊知直節如君豈易得病
衰憐我無能為圍棋盡日惟雙屐驟雨今朝又一犂賓主
襄陽渾不辨尋常迎送下床遲

念綺堂

販叟沽兒索債頻床床屋漏釜凝塵窮途莫救如相負虍
土無存太速貧挈眷管寧非達士棄家梅福是高人汶園
委蛻真良策吾輩如今患有身

接梨新寓

山南山北盡平原十室蕭條共一園䆉稏鋪田風獵獵蕪葭滿地雨昏昏居人未改衣冠古去國初逢禮俗存村中十數戶皆我國嶺南人男女異路長幼有序漸覺兒童音語變自疑身在嶺南村

黃季方悉耦人勸畜妾季方不肯曰吾今脫累自在子何勸我畜累決意不畜姬次其韻嘲之季方梅泉弟名瑗

蕢蘆無人野徑荒貞心黙契鬢邊霜雲雨世多翻覆手到應法喜擇佳郎季方雖妻法喜然若久而心變則法喜見欺所謂佳郎即不變初心者也鳳凰琴曲不回頭空悵獨留桊少游陳后山嘲少游不要日長鈌歸来夜悵空

一念未能忘舐犢不知海外有神州無累者無如李方然足不出鄉里心好中國而未能游蓋忿其稚子雖自謂無累而猶未也

和尹酉堂鍾均兼示李方 丙辰

喜得李方書鼂頭字細瑣兼有酉堂詩舊兩證因果百刼留雙眼淚為梅翁墮梅翁即梅泉酉堂學詩於梅泉苟活有底好了無一事可詑然無歇泊寄身如失柁喫茶也言若人誰不罵我悲憤忽嘻笑老夫太狂簡自細香論溺桑海倏經眼緬憶三英世捐遜酒三盞誰能弭此爭神聖久不産偪側將安適惟有淚潸潸山鋒徒鑽紙何時透窓限

某上句庭集同調吟舊腔翠微在何處不出父母邦兄弟

與朋友偕隱對山窓心羨不可得空谷稀聞跫時將鐵如意無端自擊撞生者常濶面死友已渡江（時綺堂在興道汶園返塟）吾兄已千古滄翁亦萬里文字豈細故世衰斯亦已零羽與片紙識者不輕視世無繼之者消歛光燄紫刻痕非劍處茫然不見涘時人大笑我將與誰說此

汶園終祥寄詩代哭

長洲湫湫眼初窮關塞楓林秋色空馬鬣封移惟宿草不堪回首寶山東（汶園初塟安東縣之元寶山未幾返塟故土）

索居我獨卧江濱谷口無人訪子眞（子眞指綺堂綺堂今歲始出寓寶山）過境回頭皆不惡餘生那復似懷仁

玄扃一閉九泉寒寄送新詩誰取看聊與綺堂爲位笑空山夜月淚汍汍

薄酒未堪磈磊澆狂歌行笑總無聊崩濤滾滾何時泊長夜漫漫不復朝

一幅溪藤詩數篇齎將此淚到靈筵靈筵也亦從茲撤来歲今宵正惘然

朴白菴方留滬之靜安寺路修東國近史以詩寄之

握管要扶大廈傾(國近前爲新聞主筆)苦心亦不計功成古来孤憤多良史海内神交一老傖興道村廬留昨夢(白庵始識余於興道村舍)靜安寺路聽秋聲何當共酌江淮酒澆此胸中磈磊情

次棣老亭韵奉寄密陽許景武進士

棣老新亭晩始成弟兄携手耦而耕樹遮谷口村逾僻溪到門前勢欲平釣水採山閑事業澆花灌圃送陰晴名區許我非生客字墨聯翩寄遠情

奉贈大訥

我逃空谷喜聞跫黙契相看血滿腔隔水雲山悲故國湯天風雪打寒窓淵明住處成三徑文子来時又一邦老去生涯如戍卒邉荒歲歲守長江

金石山南鴨緑頭縱然荒陋是中州蘆花兩岸君將去大訥將移安民山兩岸皆蘆花梨樹孤村我獨留鑽地生涯悲鼯鼠隨風聚

散似蜉蝣凡吾僑民居此者聚散無常如蜉蝣易堂諸子今何在彈指光陰二百秋

朔風吹雪凍雲垂天末行人渡水遲大訥方侯其季氏異域重廻蓬矢日晩年應廢蓼莪詩管灰欲動陽生際鐘漏偏忙老去時隣朋来奏南飛鶴歲暮江干慰所思十二月旬為大訥生日

讀痛史痛史者朴白庵所著刊行上海自甲子始終於庚戌恣言無諱真良史也

國民剛半是頑癡落魄麽心了不悲縱有錚錚皆死氣閑門掩泣畏人知

噬吞已畢寂無聲秖恐魂亡不再生幸有逃禽籠外在悲鳴能使六洲驚

代我二千萬口言筆端江海滁煩冤定知關塞楓林外別有書香返國魂

悉載盟書無缺亾胸中史藁幾星霜謹嚴紀事公平議取例霖蒼更備詳

六朝五季劇紛紜萃在吾身更可憐石火電光如昨日桑田灰劫似千年

痛定方知痛更深狂奴故態尚悲吟(白庵又自稱狂奴)滿目窮陰今似此陽生何日見天心

大陸騷騷第二韓前車猶望後車安筭来不是他人事莫把新書冷眼看

毫端噴出血淋漓紙貴荊南印字時 痛史新刊中國人購數千帙云 可是天公遺此老我東史筆玉振之

方技沙門詎足云書成海內播靈芬縱然一洗東人恥其奈千秋不幸文 我東文字刊行中國惟元曉大師佛經注陽平君許浚東醫寶鑑而已今痛史刊中國人爭購讀東人文字行于中國未有若此

否泰消長未可知越吳勝敗似翻棋要盟勒約明文在詛俟皇天悔禍時

玉蜀

蜀字不見於六經本草有秫蜀之名卽長項秫非此之謂曰玉蜀強而名之也意此穀始生於胡地

中國人不知所以無名字也歟

拒霜耐旱獨收功特立峩峩百穀中縱有明珠藏滿腹不
禁白髮向西風

詩騷不見說文無莫是其先出自胡窩擄滿洲蕃種族尉
佗南越亦良圖

安校理守坡輓

梨樹三年與接隣眼中人是史中人朱雲讜直淵明節豈
意於吾得見親

抗疏請誅北廟傴却金怒叱東京兒當年奇氣消何處風
急西臺一慟時

暮境騷騷友道窮緑苔生閣自春風潛然老淚乾無日笑

送汶園又守翁

生寄死歸諷誦頻眼光落地更精神三宵邀我無他語要有命家觀化人守城病篤每邀余去至則握手曰吾願死於良朋手邀子正邀作觀化人云

泡生滅摠非真不壞金剛是法身殷浩華歆亦多見蓋棺今日始論人

汶園一例有云云守城嘗語余曰聞子年來不爲人作身後文字然嘗狀汶園矣於吾豈有異同耶及歿余爲之作行狀

後死空慚君賓文不朽千秋公自足白碑亦可表孤墳

滿地芳菲只眼前後凋松柏歲寒天華人争道忠臣塋數

笏青山不問錢（守坡之歿請瘞地於中國人鄧氏鄧曰吾聞安公忠臣吾豈惜方寸地耶不受錢而許之）

柩行未必議紛紜（守坡之歿嶺南人或云當返瘞或云不宜返瘞竟瘞于鄧氏園）是處青山可瘞君春草殷勤如有約東風吹綠上新墳

一雙高屐綠簑衣記得前溪罷釣歸東浦潮生春雨歇不堪回首舊漁磯

聞李彝五病歿于魯西亞以詩代哭

衰世出鳳凰乃非國之祥彝五天下士鞠瘁死異鄉不辰人所同惜君才氣雄英年蚤聞道格致萬理窮從師講絕學繭足走峽東超脫綺紈習兩袖生清風嵬擢國子試屬

望自茲始常有自任意絶俗爲深恥古人與誰期明道希文是爲乎范程世曷嘗値此否我涙何蔌蔌哀君賢勞獨密勿董衣詔崎嶇秦庭笑蹇蹇靡所得途又多蛇蝮荒戎魯西厄十年來遯伏海外辟聲氣雲雷紆滿腹辛苦方草創生衆又教育天又不假年誰能究來復

蔡秋潭熙東自嶺南來靖于此土寓老檀村眷屬追至邀余小酌

君家客至似襄陽作泰逢迎鎮日長故國蒼茫來眷屬寒廚錯雜設壺觴人生苦樂原相伴老去悲歡欲兩忘童稚欣然翁亦笑不知泊漂在殊鄉

中秋日與綺堂持酒笑守坡墓

守翁何處見且訪鄧家園厚地遮顔色晴暉暎淚痕眼前多故國（墓東南皆我國山）身後亦中原送客黃昏路疑君立洞門

殊邦佳節至悽愴九原思酹酒草蟲濕焚香山鳥窺先歸人謂福（古人有福先歸地牧齋詩句）後死我空悲狀德慚辭拙誰爲有道碑（守坡行狀余所撰碑文姑未有作者）

守坡小祥日丁巳十二月十八日

眼看節物一周新回首前塵似隔晨落月空樑如對面蒼苔十閣暗傷神揄揚千載須良史歷數當今少此人君若有知應念我荒濱病卧獨無隣

魂歸關塞月如舡酒灌香升淚潸然生世胡爲庚戌歲賢人又在巳辰年斃而得正方知免逝者無情枉締緣竊愧文章才力薄到應行狀賴君傳

去歲今宵君尚存不堪復覓刻舟痕客来親見先夫化氣絶猶吟大禹言(守坡臨終諷誦生寄死歸語)擧世徒傳名節盛斯人已識死生原精靈憤欝正何在香案前頭應訴冤(訴冤上帝乃其平昔言)

明美堂集旣刋畢以詩謝金滄江 戊午

美韶好文章(滄江又號韶濩堂)稀有不可常優曇偶雙現恐非衰世祥騎箕或浮海零落悲滄桑高鴻見機早翔集淮南鄉皇天遺此老文獻徵舊邦免此杞宋恥于亾有不亾手校

明美稿刊議風四方奮筆為之序老氣猶膺揚鑒別眼如電刪鑄手有鑑竣工十閱月五官傳奔忙躬勞不知疲心尊欲忘殤(滄江兒死視刊事不廢如故)問君何能爾至性在峨洋後死方盡責此意不可忘置此區區謝道我憂慮長天地今再闢厶文大更張試看蹁行字勢焰奪奎迭姬孔亦將祧道喪器隨喪烏乎此何世斯文詎再昌詞章真說夢重覓迷蕉隍累累三百帙若捞海茫茫浩劫方茲始頹波杳津梁豈或留一線不盡剝後陽曩在秦火烈何期班馬香此乃強為說怡悵心自傷君若聞此語太息引巨觥

安民村

安民山在安東縣西三十里山下有村曰安民村村以樂土間盖灌江潮種稻旱不為灾云余問潮鹹不害稼否曰海潮上亘淡水迸漲高三四丈可灌田設閘隨意呑吐滿洲人始不曉治水田今學我人皆自種稻不肯賣田韓僑益無以為生云

安民山北来臨江野色開時見蒹葭裏屹屹積穀堆江村明人眼水利眞奇哉良田種穲稏穰穰方胚胎引潮為灌溉曾不待雨栽設閘恣呑吐潦旱不為灾造化失權柄委之一輿儓下注鹵滿地上江瀾不廻惟此一區地海鰌為豐媒居人惜寸土不易萬金財沃土救飢急何論民不才安

得萬頃闊偏及韓僑哀

重陽日遙憶檀湖

清剛詩句鬪毅風遙憶霞山矍鑠翁撐柱衰腸惟麯蘖不愁橐罄畏盃空

江天欲雪朔風斜強病登臨意未佳負手東籬空悵望不知何處覓黃花 此地本無黃花

故鄉迢遞望秋雲佳節登臨感夕曛滿地黃花須念我盈樽綠酒且思君 余方恨無菊檀湖恨無酒

何物龍鍾孟萬年秖將落帽尚流傳故人短髮如相對獨倚西風一黯然

黃花紅葉好家鄉憶昔題詩字字香塞外蕭然無可意不
堪援筆寫秋光

偶讀姜古懽集有感

余弱冠時見古懽訪先伯氏每酒酣論當世事曰
今日急務通海外諸國學其富強之術然後可維支
一日不然將為強者食奴隷犧牲之禍急矣憤憤
噓唏聞者茫然不知為何說今思其言如昨日事
拊卷太息

覇儒方外議紛紜當世無人識子雲燕處堂中方自得鶬
啼檐上最先聞孤心獨抱韓非憤太息空傳賈誼文三十

年来正何似布衣憂國少如君（其詩有且待三十年後看此卷之語計其作乙巳為三十年若有奇中）

（山清李明集炯嶺南人也明美堂集之刋也世人倡刋議於嶺南余未曾相識今来訪接梨共吟）

好客来時雨雪晴山陰秀色上眉清（山陰山清古號）剡溪未必逢安道五嶽還應待子平（明集欲訪滄江未果將西游妙香山）相對今宵方識面不知何處特生情年来謬被賢豪結竊愧吴門變姓名

入門新月若相呼風捲浮雲點翳無淅瀝寒聲来朔氣空濛烟樹近江湖燈前緑酒為君酌醉後玉山強自扶何日携来三兩友聯身共住汝南壺（明集擬携數三同志来居甾巖縣云）

十月望日滄江生日也適寄書兼呈三絶

泡漚幻滅揔非真（滄江今夏笑其子）付托如今始有人（今秋滄江螟嗣来侍）故作聾癡殊不悉從他兒婦作生辰（滄江入淮以来戒家人不得作生朝）

天涯翹首意茫茫萬里緘書一瓣香文苑諸公皆宿草當今誰是魯靈光

劉家鷄犬白雲間應有金丹幾粒殘卜宅仙鄉豈無意先生道骨已珊珊

戊午十一月二十八日即余六十一初度也以詩述懷

我年回舊甲天道又陽生苟活至今日何心稱壽觴

念此劬勞感惟留不肖兒鳩阡神獨往海岍路如絲先考妣墓

在江華鳩洲海岸上

未獻雙親壽弟兄又短年不才山木在俯仰獨泫然

有姪能供養譪然父子親諸孫爭繞膝不似命窮人

分外欣然色迎門笑語聲殊邦兄弟面足慰去鄉情春世来

余嘗於丙午歲建私立啓明義塾卒業十二人以銀盃及匙箸遥爲弘辰之壽其意可感以詩謝之

可憐精衛眇然身塡海無成枉苦辛豈意當年初發願如今只得十家銀

篋笈紛紜篋破悲英才落落盡相離眼看滄海誰無變惟

有君心似舊時
刻鏤啓明字畫新銀光燁燁動弘辰如何萬念俱灰日復
使衰翁淚濺巾

黃李方爲文字交十餘年不識面余回甲月寄其小
照

瀟洒風姿迥出塵并將山色入傳神無緣得到凌烟閣且
向空門寫法身(李方在智離山華嚴寺園中搨此像)
此是石田第二身(石田李方號)不知何者竟爲真長風一夕冷
然善直到中州訪故人
琉璃籠眼古衣冠兀坐空山氣色寒驀地逢迎欣一笑卻

如何處舊相看

和黃錦庭 範周

江夏家風本孝經至今寸草藹然情(錦庭以孝聞于鄉)英年才氣曾驚座老去生涯足耦耕鄉里從游迷舊夢親知零落似晨星如何不作傷心語欲和新詩久未成(錦庭詩有莫作傷心語之句)新詩短札話曾經濩落如今忘世情同郡未諧三徑約他邦來受一廛耕昆池轉眼驚新刼山木非材愧壽星日暮江關魂欲斷莫將詞賦惱蘭成

己未正月守坡之柩將還故國送訣路次

從古河梁最斷魂相離猶是兩生存玄和復見親朋面宿

草空留異國痕遠樹含情春黯黯長程揮淚雨昏昏知君車過都門日應有精靈泣 至尊（時 太上皇昇遐有日）

孝德殿輓（太皇帝魂殿曰孝德）

冲齡承大統末運值艱屯刼火祀 中壺罡風移北辰睢盱皆亂逆呑噬竟強隣從此空山月傷心杜宇春

雄圖常密勿屢敗不摧頹申哭秦庭送莽醪漢臘迴監臨有天日涕淚動風雷（太皇帝之崩都民失聲衆哭者以萬計今古所未有之事）從古喪邦主何曾有此哉

威儀皆舊禮俛仰更心傷故國非吾土白雲是 帝鄉蒼生紛雨泣紫殿自春光魯祔合神理平日昭陵望

臨朝逾四紀袞闕亦吾 君試看斯民淚堪令異國聞欝
遣懷舊慟悽愴對斜曛天際風霾惡何時掃楚氛
威權雖日削皇極亦巍哉 七廟馨香薦萬邦玉帛來浮
雲過一點滄海變三迴有諱元臣分微言在定哀
追還關山隔瞻望天一涯遙知清蹕處猶似 幸行時 三
世優恩渥孤臣但涕淚自憐枚馬輩待詔舊呈詞

二堂卿終祥以詩寄呈

無由身往哭天際暗神馳豈特吾兄友謬荷國士知失聲
披篋墨（二堂卒前數月寄書辭甚悲惋尚留在篋）簡淚寄函詩感歎孔融語老
成今有誰

次朴桂岡老人中秋詩韻

殊邦風物似吾鄉稲穎垂垂黍項長墳墓香烟千里夢店壚蒭酒十年觴驅除沴氣驚雷響準備良宵霽月光日夕繁霜楓葉下隔林忽見數峰蒼

去年檀湖贈余壽詩又寄甘菊一封從子携至安東縣為偷兒竊去述其事寄檀湖

霜落江臯菊已乾檀翁氣味太清寒封題珍重傳秋色減却山人一夕餐

紙包個個金瓜子海物看来亦復佳可惜偷兒無用處尋常棄擲鴨江涯

寄與故人初度時彩箋華墨手封題清溪博士無人問今世偷兒不解詩

空樽無計荅清秋兀坐山房正欲愁塞上小兒安足責先生亦思竊閒偷

冷澹生涯晼晩時高情寄托最相宜煩君更取今秋詠付與閑人補逸詩（檀湖前詩并入蓟封爲偷兒竊去故云）

神仙爐歌

堂弟聖民寓江界郡贈余神仙爐全方喫菜根無用此器既而日寒試以豉汁雜菜脩烹煮乘熱食之熏然可喜乃作神仙爐歌示民弟

聖民遺我神仙爐珍器光爍動寒廚白銅刻鏤雙蝙蝠儘
覺侈巧與昔殊隣人嗟歎未曾有或謂鍋鐺或謂盂怪底
銅管當中立恰如瀛海環方壺錯道羹汁納管內欲將炭
火安置乎弟方年少後心算不知此物不稱吾玉瓚必須
黃流盛徒器寧可啖老夫我聞仙食忌烟火厥初命名無
乃誣恍兮惚兮中有物五色爛與五味具火均文武不失
飪沸聲繞管鳴似竽窮子何曾染一指食此視若偓佺彭
鏗徒因以名之字悅口（神仙爐或名悅口湯）冬夏持世并醍醐日擲
萬錢多新貴大嚼圍坐酣歌呼卸裘拭汗冬為煖此輩賣
國肥其軀爐乎爐乎奚為而至此不樂京國隨江湖器而

未試志士歎我將用汝奚以需烹韲煮膔雜豉汁榾柮烧
紅聚口响何必魚肉薑桂種種具當冬熱食眞良圖金帳
羔酒何足戀翠釜駝峰非所須從前氣味近富貴我今爲
汝滌羶腴吁嗟金丹不熟歲已暮鼎火欲冷消息無安能
得汝一萬七千具徧與牢獄寒飢好丈夫 時以唱獨立被囚爲一萬七千人

送綺堂種稻奉天 庚申

三年共我守南滎菜圃漁磯亦并行負耟長程隨一力尋
常小別也關情
瀋野稻農天下聞及時耒耟集如雲哀我僑民無統屬公
来儆若尹其羣

決渠成雨鍤如雲一道渾河百道分瀋陽設水利局築長堤百餘里引渾河江灌之
太息東人經濟拙良田盡廢大江濆
漠漠塵埃晝不清春風大野入無聲耕痕漸破蔞蒿綠雨
馬如飛一耟輕中國人以馬耕田疾於牛
日雇銅錢三十文荷鋤淌女簇成羣鏟除莨莠如芟賊隊
隊靚粧娘子軍瀋農皆我人耘不暇給則雇淌女日貴三十錢云
擬將甌石搜新棲米價須高屋價低后土監臨應有相禳
田何用一豚蹄綺堂貧無屋將售農穀買一屋子
哀此通頭貰苦辛我人之無妻子單身業農者中國人謂之通頭半分割與買田
人何當復我汶陽地樂意津津得似豳

寧人經濟儘奇謀墾拓天荒塞上來（顧炎武嘗言馬伏波業農塞上以其多空地也遂携耜至滿洲墾荒地種穀大贏其地必不遠而無可徵尋）我欲行尋耕種處滿洲風雨不曾開（時滿洲地方多警）

四月二十三日游鳳凰城縣大堡山水明麗土沃真南滿名區余有僦居之意

樂土在何處鳳城東北隅沈吟盤谷序緬憶武陵圖水暖秧針長山明木葉敷未必居方好客游亦可娛

留大堡口號

槲葉村深夏景幽秧針出水雨初收雲端積翠開晴嶂柳外空青暎遠洲鷄黍欣迎如故國鷗盟紹介有孤舟此間

擬置三間屋得與香山九老游（村中老人相會六十以上爲七八人）

朴可賢生日邀飲

經歲欣逢病後身憐君華髮鬢邊新朱陳共處鄉村好（可賢與其姻婭自成一村）沮溺同耕氣味眞隔水鳳凰（山名）如待我近江鷗鷺不驚人偶來此日吾猶記笥脯相迎舊作隣（可賢曾與余同住接梨海其生日邀余飲）

次大訥艾湖釣漁韻（艾湖江在大堡或稱燮江云）

柳外汀洲入望平雨餘水急起灘聲溪魚不食釣仍捲野酌無巡壺自傾老病那知天下事清游恐負世人情（時我人以獨立事多被四國內騷然）何嘗僦屋艾湖上管領烟波送此生

奉和朴浯堂先陽 浯堂寄詩論滿洲故事甚詳多與余相合

箕聖昔出疆来住此一方周家版籍外燕東啓天荒謂今平壤地於理有不當世守自有主檀君享𡻕嘗父師仁且聖判不加攫攘豈如衛滿輩逐人而自王乃知朝鮮土滿北至遼陽亦惟東明國恢拓渤海傍緝安碑字古我曾讀之詳舊物失已久付人遂相忘不知自何世雜種遞登場耶律愛新氏馳驟風雨狂興替憑誰問臧穀俱亡羊新悲與舊恨俯仰何杳茫豈意千載後兒孫返故鄉故鄉非我土蹁踊靡所藏蕭條異代事文獻已缺亾我友浯堂子博古記性強裁詞寄相問秋天雁聲長

次朴眉堂韻

早秋雨新霽蟬聲滿脩林微凉散墟曲河明動高砧得此
二十字使我滌塵心不見十易閏獨詣詩境深我如磨驢
步不離舊跡尋西来復何状身癈仍口瘖日與牧猪輩混
迹喜幽沈南冠憔悴甚那得操舊音君意不可負强此發
蚓吟

次眉堂咏蟬

高林清響使人思霽後山房睡起時耳往聲来俱不得臨
風且讀咏蟬詩
修林處處報新晴故國秋風寄遠情怡悵龜山遺舊操耳

中尚有蟪蛄聲

鄭景施寅普示其所作墓文甚佳因作論文十絶寄
贈

托契殘年亦一奇湖南江北顯然思圅来腹飽知何物又
是黃絹幼婦辭

膜禮歐曾作本師但求自快不求知寧翁已沒于霖老未
法幢旛非子誰

大璞碑銘何錯落朴君墓表更悽清驊騮脚下無千里勒
駐鸞鑣且緩行（景施太銳於進故云）

每讀佳篇喜不眠他時吾輩賴君傳文章功業原相待莫

遣別人登燕然

憶君髭髮繞垂肩開口便能驚四筵晉代名臣誰第一陶
公勝似謝公賢 景施十歲時方讀晉史余問晉代人物誰為第一曰陶侃余曰不有謝安乎曰言行無疵方許第一人謝公碁功之條不廢綵竹陶公無此矣
孔融欲忘禰衡年 余以景施為忘年交 懷祖深知文度賢父子友朋
斯已足休論盧後與王前
發憤要回近古文須麾兒女長風雲老夫慿臥看君勇力
湖崩濤上寸分
萬弩方張萬馬喧鏡花水月忽無痕此境易迷向誰問盧
陵咫尺即龍門 弩馬花月之喻惟史公當之雖歐陽恐未必然然欲尋史公門路不由歐陽不可得

寧兄蘭弟足天倫生長般門弄斧頻老去藻思頑鈍甚世間還有瞽痂人

近求若可及歸汪伸紙操毫空悵望堪笑東家蓬髮婦向人猶説淺深粧

附景施次韻

窮山秋日少稱奇千里書來豁所思多愧笥貧猶曩昔沈吟無物報休辭

垂髫問字嗄吾師姐騃偏蒙分外知一段深情難自説較來并世似公誰

夫子文章自絶倫原無塵壒拂彈頻平生心折玄風碣

已判千秋不朽人

陋槧東人誇褒富眼明李氏一家清燕巖瓌蕩臺山悍

輸却寧翁緩轡行

林飈秋響曉驚眠心曲依俙夢裏傳對啓山扉非過願

如何千載尚茫然

一代真才蘭老文頴泓咫尺起風雲于霖近日衰荒甚

癡絶猶思劉項分

記事從來貴馭繁列營萬馬静無喧搴寥朴表何爲者

藉得文家不二門

何限談曾又說王先生獨自歎迷茫補蘿空谷猶腊粉

為是難忘姆教粧

東檀湖

念我鄉長老翁獨巋然存翁老詩愈健氣逞十駕奔少嘗子瞻學晚入香山門白蘇性相遠翁乃并取混屢空殊不惡腸無渣滓渾有時發為詩字字生秋痕幽獨無人賞心口與相論

重陽日寄檀湖老人用去年重陽韻

暇日登臨遠客懷塞鴻盡向故鄉廻憑將一語遙相問能否黃花泛玉盃 余嘗贈一玉盃於檀湖其荅云無盃中物雖有盃安用哉

驅使風雲入壯懷新詩寄與阿咸廻朗吟盡日醒時少佳

處欣然輒引盃

至月十五日大風寒

北風且莫吹雪獄無弊帷累累縶梏者要皆好男兒波咤聲在耳今夜幾凍屍陽生雖不遠天心杳難知對飯不能甘停箸若有思

寄鄭稷山翰圭

促節金絲爲竹竿至今掛着壁塵間 鄭君十數年前寄送金絲烏竹釣竿甚佳自余西來置之沙谷弊廬 子同去後無人釣磯上蒼苔鷺夢閑

十里平湖菡萏花扁舟隨處便爲家江東來價何須問春到南州摠若耶 鄭君家萬頃門前有十里荷花又有素封之樂鄭君方習仁川米社不還諷其遄還也

海涸桑移百刼紛頑仙不死斷知聞舊交湖上無多在游戲人間尚有君

送從子範夏挈眷還國

年来時事又變滿洲多危險事每有送還從子意至是隣有被日人砲殺者數人遂决意送之

遠將知何益未須過阡陌倚杖立山門春草傷心碧目送車塵遠隱見地勢易不似崧陽别（余去國西行時從子来餞崧陽）老懷更惻惻壮者見有時婦幼永相隔始汝挈孥來念我塡溝壑辛勤暖飽我衰病亦能藥歷覲西来人自適無我若豈惟汝能養汝婦更孝怡此意不可孤窮峽守寂寞所以海外

想駸駸如屈蠖在汝回萬行我心轉回薄隆隆大宗重祖
禰及稺弱不有不肖我胡為此殊域迄今十年久兢兢懼
且懼況玆駭機伏歘發在朝夕緩急少攀援孤寄無親戚
一身豈自恤不妨裹馬革澤堂曾有言計須全骨肉澤堂詩曰男兒義當死骨肉計須全此義宜早講擇地審禍福我試為汝計莫如
鄉里熟利鈍宜達觀姑以盡吾責我今送汝歸如藺還趙
壁顧此戀戀情不足置我腸努力須自保勿復念遠客

高宗太皇帝終祥日望笑恭述

民若喪考妣遙遙上古史今日身親見意想豈到此已自泣弓日攀號咽城市士女及老幼波奔不可止萬聲殷雷合悲慘凜目耳悍卒持兵驅酣慟若無視雖以堯舜聖恐或不至是十年沸腔血防蓄如積水將謂他人父可憐失哺子一朝遇哀發潰決萬波起縞素遐邇同皂冠遇輒毀云云舊君服孰敢引孟氏蓬蓬憂國風因此鼓動始海外方盡癖國內多痎死茲豈人能爲殆若天所使消息待陽生先兆徵復理小臣復何爲病伏鴨江渼笑望脩門隔重愧都人士

土潮

接梨之野皆水田南通鴨綠每春夏之交撥翻泥土風自南來引江海瘴霧之氣與田間土蒸氣相合而為潮衝亘上來波濤汹湧野中家屋卯隴皆為物怪變幻蠢動於波濤間真奇絕可觀居人謂之土潮

孟夏天始熟耒耜及時節經雨犁痕深土氣乃噴洩郊迥江不見迷茫草樹列向晚怪事發潮來忽溢瀰卯陵盡沈沒滄溟亦橫決贔屭動鯨鯢蜒蜿見蛟鰲汹湧吁可畏駭浪隨風掣怪底獨無聲余姚異江浙(天下無聲之潮惟余姚為然)倒風

忽捲去耕者仍不輟何意土蒸氣變幻難具說薊野烟樹
奇蜃海樓閣列是皆土潮類氣必遇境設如因妄見生何
不常起滅空花及翳月眼中自生纈釋氏苦心辨我方眈
奇絶

懷景施

夏山皺綠入簾鉤嫋嫋書聲在小樓秋水馬蹄生跌蕩景施

近讀莊子高林蟬語送清幽意中設象森如見天際馳神渺欲
愁平等相看皆好友沽兒牧豎與之游

頃見從子書書中有六鈞鉤有云路逢一人問余安
否因泫然下淚曰可以此寄送問其姓名其人曰但

道藍湖舊釣徒寄贈因飄然去終莫知為誰余嘗釣
游藍湖然不知其人為何人似非庸人也
共理藍湖舊釣絲烟波相失莫相知知君此淚非吾念滚
出胸中無限悲
遯迹滄波不世情一鈎意欲掣長鯨藍湖勝似桐江隱物
色求之不得名
士儀承宣範世次余送從子還國詩韻復用其韻而
和之
吾宗有奇士降志隱巷陌方寸無俗物楊江滿眼碧近聞
撤捆織屨席以粟易（余聞士儀捆屨織席貽書譏之因勸為古文士儀即撤去捆織具用功於）

詩文復尋舊所好吐辭多悱惻誰知凌霄氣悒悒樊籠內豈如謝鯤輩自好在邱壑兒長勤教誨親老訪醫藥利器無以別庸行衆人若畀田與下澤不妨守謹恪嗟我衰且病荒濱卧寂寞循迹憐磨驢求伸悲尺蠖已矣復何為安此賦命薄區區文字事人老隨萎弱才下徒自昔迍邅古人域君詩旗鼓張對壘心先懼叔子無詭兵而不受侵掠詩道本乎樂格須貴于感人或譏其淺天質不可革我亦同病者此善何由責未入香山室敢窺陶令宅文十尚未化來境誰能逆各守分寸長休慕連城璧謬詡滋愧余寄詩輸肝膈辨香若妄許后山非佳客 士儀詩有辨香語不敢當故云

奉和尹小石相衍惠寄二絶

新經灰刧出昆明蘭室青燈萬里情(庚戌八月國移之日余入京城逢小湖於蘭谷從弟室歸即有西行)十載懷人空悵望芳洲杜若謝宣城

那期詩札到天涯木落江關雁影斜一段秋光拘不得七分已在遠人家(小湖詩曰萬里秋光分得好書鴻無恙到隣家云此地已落木蕭蕭欲分均不得矣)

笑荷亭

蘭弟書來淚滿巾(蘭谷從弟書報荷亭之沒)荒荒秋日大江濱老成已盡多新學一慟惟留我輩人

游戲人間七十年風流文采尚依然至今燈灺酒闌夜想見齁齁款壁眠

敏贍文章惜不遺飛書馳檄過枚皐眼前不作千秋計此
是荷翁見處髙（荷亭嘗言文章秖取眼前自娛而已至於千秋計自有天分非求可得）
山經本草及星辰默會傍通若有神寄語紛紜饒舌者要
非一世再逢人
筆有江河荷老文寧兄蘭弟已云云典型他日更誰見謾
使孔融悲虎賁
疏宕襟懷機欲忘琴棋詩酒歴千場世間誰是無過者公
自多能動輒謗
擅車良驥事堪歎多被時人冷眼看身後尚留一長物親
朋收稿醵錢刊

四大六根已寂然可能有物尚如烟笑公我且談禪理勝似驢鳴送仲宣荷亭喜談佛理嘗與余論佛余問佛滅後可有不滅者存否荷亭曰豈惟佛也凡人氣魄強者死有不滅之氣不即消滅如火滅而烟猶在也余笑曰如公言公歿後正有直天之烟相視而笑

笑語堂

灌鶴忽無聲高飛霄漢上抬抬不下來悽愴空相望

東峽多佳境雲山愜性姿詩清發古磬人品高於詩

金剛入新誌詠史溯羅麗語堂著金剛山誌及東國史詠他日憑誰問寒山有片碑

我愛語堂子冲然氣味眞著書滿其架不見草玄人

湫湫弓王國語堂居鐵原即弓裔故墟亭亭寶蓋山故人歟斯世寂寞

臥其間
七十非爲少百年亦短暉眼前多暮境地上故人稀

笑閔檀湖

古来清士與貧俱身後荒凉宅一區孝婦賃舂供庋閣童
孫廢讀採樵蘇詩詞留篋迹猶在門戶關心誰得扶我亦
仳離窮似此麥舟空慕范堯夫
擲地鏗然句有聲高吟飢坐足娛情每聞廚下炊烟斷尚
見樽前送氣橫石友竹君真庶幾梅妻鶴子太孤清世人
誰識布韋死一行傳中堪着名
天末西風送我行已從未死閣苔生令威留待千年返檀湖

嘗寄書言此生那可復見余云今感會有還鄉之日矣

子野空深一往情老淚先將蓮露濕函書永斷菊香清（檀湖聞此地無黃花每秋寄黃菊一包）世間誰復知音者匣裏琴絃獨自鳴

辛酉十月綺堂往懷仁縣依其堂弟元穆寓以詩送之

送客九都鄉（九都桓仁故號）朔風吹我裳去人回首屢送者揮手氈帽尖乍出沒岡阜遞蔽藏再會知何日吾老腸未剛憶昔興道寓倏已經十霜縱似楚囚對三人得相將（三人謂汶綺及余）汶翁已了事存者更悲涼興道雖若境視今意差強嗟君貧日甚蓬轉寄我堂賓主默相對寢食同被床嚬笑意

先喻桃藉形相忘老死毋相失此計亦不長區區衣飯計
骨肉相分張綺堂眷屬還國已數年余亦送姪還江華矣譬如失侶鴈分飛謀
稻粱憶彼豪家子千金視毫芒咄嗟揮霍盡才消一宵良
奪彼以與此化翁亦難強風義久不見嗟歎使心傷我詩
若不腆奚足充飢腸

辛酉十二月二日春世弟六十一初度述懷寄贈

兒孫繞膝設弧筵此似庸常亦罕焉謝遣胸中多少事且
銜盃酒一陶然
八騶擁路武夫呵爭似七孫騎竹過夸說復臨泰大壯蘇
家童稚未爲多復臨泰大壯語見東坡子由生朝詩蓋一陽生而爲復二陽三陽四陽生而爲臨泰

大壯歲說子由生四孫也

轉眼光陰感壑蛇一任造物弄摶沙天倫知己今誰在尚賴芳蘭補棣華春世號蘭谷故云

諸父強康壽未長韓公此語使心傷吾曹孱病到今日此理茫茫誰得詳

筍脯兩家不待招沙船隔日作生朝至今每憶凌晨往郭外寒烟閙口潮余生日後四日即君生朝余自沙谷舊宅每晨往船浦與君同朝食沙船相距數里郭烟閙潮皆去來路即景尚森然在目今且數十年矣

東人習俗亦堪咍往往傾家獻壽盃耄耋不曾隻鷄殺只爭六十一年回

向来一病亦危哉晬日歡聲春又回(春世病瀕危今幸愈)料得大家
團聚處天涯翹首屢停杯
君似維摩示疾久我如土佛渡江難兩人相對中無隔畫
有書来夜夢看
四海兄弟語不襯同堂真若同胞身髮暮境誰多少要
得君為殿後人
蝌字橫行掩五車六經掃地恐無餘君今老矣將焉用久
視猶堪著好書
往歲逢迎鴨水濱遠途慰我劬勞辰荒村病卧空惆悵壽
與新詩替此身

我今寄語賀諸郎笑矧行翔復故常那得腋生雙羽翼翩
然飛去看穪觴

鄭景陽示其近作多清婉可愛如凌虛臺詩尤佳其
詩學遺山但才思敏速不能苦心而發故病在滑熟
以詩勉之

凌虛臺上吐清詞思入空濛望海時心香一瓣將誰屬要
取遺山作本師

遺山妙處儘高華杳杳秋空一抹霞高華浮佻須精揀怕
君作飯枉蒸沙

荔芰甘香不在皮舌端舐取了無奇玲瓏妙處更深入苦

境透来方自知

閑門索句后山詩嘔出心腸長吉辭太息今人多滑熟倒
應熟處病難醫

甘苦由来只自知輪扁不得與其兒我今欲說無堪說待
汝拈花一笑時

聖民堂弟小祥寄詩代哭 壬戌二月望

歲周凶日至人去不回程關塞魂應返池塘草自生他鄉
疑尚在聖民寓江界郡沒於寓所返葬此夜若爲情無淚緘詩去嗟哉遠
弟兄

黃季方饋海衣

海衣名實錯可喫不可着土稱不雅馴狀取布帛若蘚生波底后刮剝皮毛落箔拈如造紙明淨佳愈薄古人不曾道文字何寂寞憶昔歲饋歲頭綱走京洛此物最持世盡向朱門積朱門雖已閉不到寒士宅惟玆故人情不曾炎凉擇寄我三百葉封題如累冊覽物增悵望崎嶇經幾驛漬油文綺潤撒塩微霜摵飯已如苴鏄不煩病齒齕饞夫畧細節搏飯手又擇曠莽湖海氣頻頻下胸膈發之得清調寄與山中客

寒食日寄從子

送汝還鄉里省墳喜有孫焚香春日麗縮酒土花溫轉眼驚時節凝神想故園瀟瀟寒食雨欲斷遠人魂

大板橋釣魚晩歸

布穀聲休雨意齊野翁移犢過長堤天容漸黑雲皆北水際微黃日欲西唼喋盤渦鳧雁食縱橫農路馬牛蹄明朝垂釣知何處且趁登魚向別溪（每春雨後江魚上溪謂之登魚）

景施游湖南歸示其紀行詩又以其小照寄之

一髮不差方是眞西洋搨法得形神燈前顴頰爲疎影誰識蘇公創智人（東坡燈前使人就壁摸其顴頰影今以西法視之眞兒戲然以影搨之坡公實創智

笑容宛對開面時遽起欣然欲把持眉宇崢嶸山野色不
妨少滌綺紈姿

月下水邊第二身崎嶇訪我鴨江濵帶来詩札當唇舌老
友癡情太認真

老夫風骨太荒寒縱有長康摸寫難惆悵鏡中相對影不
堪寄與故人看 余無小照可寄故云

萵苣飯 示春弟

維人不可欺欺心刻可為物無可欺者維口可欺之口也
無厭欲從之噫其危多為肥甘累誤却好男兒思食固天
理要好無乃癡老夫彈鋏想對飯屢停匙但能瞞過吻美

忿腹不知萵苣葉如掌辣醬濃似飴包此脱粟飯大嚼時沫流頤稍稍蠶食葉索索馬齕萁目瞬喉欲裂耽耽興痿脾頃吞十數顆已見空梡瓮是名欺口法列鼎未為奇果然捫腹臥嫋嫋清風吹

附蘭谷弟次韻

有口不可欺欲欺將何為不待易牙巧淄澠亦辨之惟此藥憚苦為除疾病危入口知美惡焉能瞞小兒萵苣菜之一是嗜非緣癡惟其甘於口不甘豈近匙嗜芰與嗜歜殊性那得知苟我性所好食荼或如飴耕翁寄新詩讀之為解頤盛言欺口法芻豢等枯萁我聞醫師言

味甘方健脾醬辣紅照盤葉香碧透瓷目貪舌又慾安見欺爲奇阿弟真實語定非癡毛吹

壬戌秋七月既望安東縣寓諸人將泛舟鴨江邀余共游以詩辭不往

生世再逢壬戌秋回頭不見子瞻游泛舟歎月渾無興門外長江秪自流

守屋老人懶且孱不離書帙藥爐間武昌夏口方酣戰（時中國南北軍相戰于武昌夏口）恐被江神笑我閑

奉和朴搜玄（公陽）惠寄詩兼乞墨蘭竹

三十年間幻夢真（三十年前始相識於京師場屋中）存亡離合摠傷神金

門待詔曾相識却似蕭條異代人

曲肱飲水已多時林下高標獨自持寄與襪材君莫拒指端墨竹動清姿

義竹芳蘭氣味寒搜玄妙墨得之難請君莫作無根畫空使衰翁帶淚看

釣魚

得魚非所欲未得已忘筌漸覺無機事白鷗對我眠

釣魚有何好欲語意先閑竟日滄波上欣然獨忘還

晒網秋暉淨漁家水上扉溪寒魚不食目送塞鴻歸

清波照我面風漾亂鬚眉風止鬚眉定鷄皮仍是皺

靠柳時時睡垂綸坐若忘心中無個事磯上似禪床

子同不設餌談者以為高豈若佳餚得店壚有濁醪

園菜十詠

菘

敷葉凝肪軟抽心曉露濃深秋誰共賞惆悵憶周顒

蘿蔔

揮鋤除莨莠折柳補籬樊眞眼皆功德有花又食根

蒜

仲叔高枯性澹然欲省煩而余葷更好須護獨頭根 中國多獨頭根大而甘

胡瓜 即黃瓜

花發黃金嫩子垂碧玉尖道蔬無不好功用勝於甜

南瓜

食之常不厭菜品此爲珍氣味誰堪比正如厚德人

萵苣

掄烹雖未適衆味得和諧可惜古人句不言包飯佳

韭

春畦無盡藏剪又鬈鬆出誰道吾家貧盤登三十七

芋

可與懶殘啗不慙錦里貧蹲鴟名義晦莫笑謝羊人

葱

根如美人指莖憶幼時吹嗜好殊葛歐愛渠辣性姿

茄子

紫茄間綠葉晨摘露華滋磊磊百三十傾籃何陸離

壬戌十月望大板橋觀魚夜歸

沙嘴石根入浪淘秋來江漲落三篙寒雲點綴魚鱗白古木杈枒鹿角高暇日扁舟携魯望今宵明月似臨皐青帘懸處空怊悵囊裏無錢奈二豪時有二釣伴至酒店要飲無錢不能飲

飛行車

傾城士女望遙空雙翼翩翩萬里風我輩籠中皆鎩翮客從海外一冥鴻天游笑傲飛仙術人工侵凌造化功已自軒轅屬階作舟車何苦遠相通

題朴東觀憲用詩稿

獨卧荒濱抱膝吟天風海水盪胸襟師襄不返成連去惟有詩人得妙音（東觀家在江華海上）

孤吟人在謝翺臺字字盡從腔血來未必漢書堪下酒每逢佳處輒傾盃

欲論聲調絕商量流水空山杳靄長寄語東觀須努力竿頭一步即漁洋（東觀問聲調余以讀漁洋對）

江冰絕句

憏綠新氷絕點埃陽生魚隊趁潮來（鴨綠江多鯔魚每冬至逐潮上）長竿橫背誰家子卧入江心設網廻（江氷始合漁人以長竿著背卧氷上轉輾入江心設

綱若立行則恐其陷

驟凍江冰徹底清冷光的歷夕暉明殷殷虩虩聲何至猛暴無端脚下鳴

浮澌架疊險峥嶸占歲農人兩岸爭農人以氷澌占豊凶又以東西岸驗兩國豊凶使我凛然有懼色歎蹲兕搏太頑獰

潮溢歎

癸亥七月二日風起潮溢沿海人多溺死平安道龍川最甚龍之楊西面距此數十里尤所详也楊西一千八百户户漂其半溺死者四百噫其慘矣

孟秋朔之翌殺氣翳日色大風蓬々起捲潮驅西北潮来有常度分寸何曾忒吳馬勢轉驕海鰌穴未塞始至恬不畏懷襄在頃刻哀哉近海村盡入馮夷域老弱隨漚没少壯屋上陟屋浮可奈何浩蕩隨鸂鶒頃足崖上人相望援不得潮退四窮集呼號椎胸臆家室但泥沙寧復問稼穡死者無新墳江魚不忍食京豆并萁嚥穴地以為息何意

一朝恚殘害甚兵革我聞水陰象厥祥濫刑殛為法固在
王斯孫渠何慝熒惑示天譴移民寧不惻未究天人際此
理杳難測

送王原初侍講 并序

余與原初文字相好已數十年甲辰春原初訪余
于沁海敝廬作數日歡庚戌秋余去國西行路由
中京訪原初留旬餘及行原初夜送城西驛亭誦
老杜詩死別已吞聲生別常惻惻之句曰此何異
死別握手泫然今真吞聲矣以詩叙述平生寄其
嗣君展于靈几

哀詞齋淚寄中京回首前塵夢亦驚海上春風初識面城西夜別已吞聲久忘榮辱心常靜雋選文章眼獨明原初早擢科第澹然無意於仕宦近選東華文範鑒別甚精太息講官名無日頭銜留與寫銘旌方正學詩有天子看書台講官之句原初嘗為侍講不得一侍經筵而國遂亡矣

柬河盡性在兼示曺深齋兢燮

初日芙蓉眼忽明焯然才思湛然情縱教入洛無人識惆悵當年陸士衡河姓因深齋示其所作文皆佳年今二十餘方受學於深齋

潤筆空慚五百錢毫端無墨少雲烟且從口腹弛新法半畝山人萬苣田不佞嘗以萬苣包飯謂之欺口法作詩示深齋既而為河姓求拙書寄五圓錢曰以此為潤筆可買肉以供一餐奪萬苣數日之權云

佳節拊尊寄遠思八公山色隔天涯青蚨去作白衣使元亮何須空攢眉 重陽隔數日余取其二圓錢擬買酒肉以酬重陽以餘錢三圓寄送河生亦買酒肉與璧同酬重陽雖未得合席共歡亦可謂異床同夢矣

重陽前日風雨蕭蕭適得士儀承宣書以詩寄之

風雨重陽寄遠情長洲渺渺雁初征吾宗自有胸襟好物外澄江入眼明

落帽來尋孟萬年携壺不見杜樊川 士儀方寓龍山又牛山距龍山不遠

地名依舊人何在悵望江樓欲莫天

郊垌曠莽倚樓時紅樹參差野菊垂可惜秋光無寄托主人守制不吟詩

重陽雨中獨坐漫吟示春世

老衰無意強登臺報答良辰有此盃遥憶鄉山籬下菊耐風堪雨為誰開

驟雨入樓移榻頻撫尊獨坐送良辰龍山泥滑東籬濕蒻笠蓑衣有幾人

不醉如何不引觴滿洲酒辣欲穿腸黃花處處多相似錯認山谿秋海棠 滿洲無菊但有秋海棠似菊

風雨今秋又滿城舊游錯莫憶潘郎篋中剩墨留蘭字此會平生不可忘 丁未秋黃梅泉來訪沙谷與梅泉同入京值重陽日與南社諸友共賦蘭字韻此會為平生至振矣

江關寒慄倍思君木落霜清雁一羣高臥衾寘書帙裏

秋來文得幾篇文

跫音空谷豈其眞揚咳升堂若有人兀坐靜中耳多感西
風吹葉又蕭晨

感姊氏南陽人挽 并引

姊氏故相國文忠之孫於建昇為中表姊、姊性
孝慈又能讀然歎然若不識文字治家有法度
凡於婦人所當為無不人一己十其高識嘉言
非丈夫所能及

我曾不見古賢媛才德惟從姊氏論辨事兼人常整暇

治家有法靜無喧閨門妙句容時有女士高風未易言
漬淚裁詩替躬笑關山迢遞雪華翻

癸亥十二月十一垂卿弟回甲日述懷

逝者無還日年光似轉輪泉臺無舊曆何以記弘辰
東人重回甲蔬果薦其禰事死亦如焦無替禮之禮 聞姪輩以是日行茶禮
情至來魂氣迢迢雪滿山夢中人不老常對少時顏 近日頻夢垂卿面如少時
假如君尚存奇氣恥牛後不屑乃兄隨寧甘兒女壽

次韻寄柳晦敷 甲子

虛心尚友足千秋達士何曾悒悒愁遠道寄書憐我老深林晦迹與誰儔傳神妙句來真面晦敷示自題小像詞甚佳轉眼芳春入小樓覓盡名山知者少此間不許俗人游時余將移居鳳凰城故云

海耕堂收草

謙山別號說

吾弟岳卿之始生周歲祖考忠貞公取易之謙卦策而祝之弟後讀易以謙爲號請余以可否余曰號非古也近俗多以號稱謬也古者諱名不諱字中古并諱字有道德文章者其門人子弟不斥其字或稱其所居之地或稱其所處堂室之名號之稱由於是亦不得不然然非自命也古亦有號稱之者有號以智囊言其智也有號以神君言其明也有號以佛言其慈惠也是皆時人象其性情行事而言與俗所謂號者不同名也字也所以稱之者甚多不能

使天下後世之人稱其一焉又安用加之以號哉孔子曰疾沒世而名不稱豈為區區之名稱哉盖勸人為所以見稱之實也其所以見稱之實者奚以也其必修德行有功業若是者人之稱之也惟恐其不詳且備焉雖有號可也謙之九三曰勞謙君子萬民服也言其德也上六曰利用行師征邑國言其功業也其所謂君子者萬民服其德則曰是有謙之德者也邑國畏其威則曰是有謙之功者也是萬民邑國以謙號其人也古號以智囊神佛者何足多乎哉此所謂使天下後世之人稱之吾弟其能之乎吾望人之以謙號君也

田夫鬪說

余宅前多水田余不曉農使人治其收也半分今夏旱田夫爭水日譁然皆夜燎原守偷決一日田間大譁視之有老田夫與少者捽髮大鬪余使人解之老者就余質曰吾老不能夜守彼偷決吾田枯吾苗又慢吾老請質曲直而反其決問其田俱吾田余笑曰少者誠過矣然使子守之彼爲得以決之又何至爭也得者失者均爲吾有吾何厚薄於二人也老田夫怫然去曰何不公也余喟然曰是可以觀古今天下之得失强者得之弱者失之守者不失不守者失之自天視之均之爲天所有天之於得失者無厚

薄亦如我無厚薄於二田夫也使強者得弱者失守者不失不守者失是乃公也烏乎今天下皆旱決人田者日益横至於眩詭逞巧卒相呑噬而莫之相救豈捽髮而止耶然天之所有未嘗頗也人且囂囂然欲質其曲直而怨天之不吾己也噫奚以異於老田父之拂然哉

芭蕉說

余未嘗見芭蕉問其狀於人或曰草之小者葉如卷耳或曰木之類其大可拱或曰如麻如葛卒無同辭者後有見蕉詳者告余曰是草也而有枝榦高尋丈葉大如扇其抽於中而斜斜如蠡者莖也余以爲是合於古詩詞所見得

自春迄秋如一日克患爲暫愈寔夫人力以余罪戾竟失
所恃扶櫬歸鄉敝廬于止時維夫人虔承奠祀度闇之餘
籩豆之備何有何無力作躬視俾我兄弟心無不足事生
事死豈惟婦職患難之際乃彰其德譬如忠良國艱乃見
天不慭遺奪此賢媛海西浪迹悔恨何及病未調藥沒不
躬襲恩則易孤難不相忌哀此稚孩使人心老何忍加經
僅免襁褓推而遠之禮或非情欲報嫂恩緦功猶輕嗟爾
賫兒渠尚何知俟其稍長覽玆知玆

祭卯嫂張夫人文

維我嫂氏懿德其淑婦于我家十有四年順于舅姑未嘗有慍處乎妯娌曾無間爲是固未易不爾詎賢時無艱虞惟酒食儀不衍不著人未悉知昔我先妣官舍疾彌夫人持將暫不離側鼎窒牏帣不煩婢役夜不解帶呼之則諾自春迄秋如一日克患爲暫愈夫人之力以余罪戾竟失所恃扶櫬歸鄉敞廬于止時維夫人虔承奠祀庋閣之餘籩豆之備何有何無力作躬視自虞而祥終亦如始俾我兄弟心無不足事生事死豈惟婦職患難之際乃彰其德譬如忠貞國艱乃見天不憖遺奪此賢媛海西浪迹悔恨

何及病未調藥涗不躬襲恩則易孤難不相急哀此稚孩使人心老何忍加經僅免襁褓推而遠之禮或非情欲報嫂恩緦功猶輕嗟爾賚兒渠尚何知俟其稍長覽茲知茲

夢周公論

伯氏命題使余及春世垂卿課作如有司之試士所作多迭獨存此篇

孔子曰甚矣吾衰也久矣不復夢見周公夫衰而不復夢則感而常夢可知也夢而常見則寤而常思可知也古之聖賢不獨周公而必於周公常思之至於常夢何哉孔子祖述堯舜憲章文武然未嘗夢堯舜文武未嘗夢則未嘗思可知豈堯舜文武之聖不及周公耶夫人之所思必同其地同其德者堯舜文武人君也雖與孔子同德地未嘗

同同其地而同其德惟周公爲然斯孔子所以常思而至於常夢也然不復夢又何也人之衰也髮白皮皺齒豁筋露所以驗衰者多矣何獨驗之夢也哉孔子六十而耳順七十而從心所欲不踰榘孔子之學至於六十七十而極矣未嘗見其衰也不復夢見周公未知在何時豈其衰邃至於無夢耶或曰孔子嘗有行道之思而周公以人臣行聖人之道故孔子常思而夢之及其衰也世與身俱無以行道則不復有夢若是則孔子之思周公徒以跡爲而已使周公有其德而不得其時則周公之道將無以行如孔子而已然孔子之道不行無損於孔子周公之道行無加

於周公孔子之思周公宜以其道不宜以行不行也若乃道之不行孔子知之已久矣又何待衰甚而後無夢耶奚以爲孔子之夢與不夢此學周公之本末也今夫射者之思必在於的既中則思不復在的離家者之思必在於家既至則思不復在家孔子學未至周公思必在於周公既至則思不常在周公思不常在則夢可不復有矣然則夢以驗聖人之學非驗衰也抑吾聞之周公思兼三王可謂盛矣無以加矣而若孔子則賢於堯舜遠矣自生民以來未有盛於孔子吾恐周公之聖猶無以盡孔子之的與家也此所以不復夢也歟故曰久矣久而至於衰衰而不復

夢則莫不夢已在未衰之時可知已噫其衰也豈髮白皮皺齒豁筋露之可驗也歟

祭從叔父惕士先生文 庚寅

嗚呼天所以畀與人者亦多矣而公獨奚有也賢者鶩名聞庸者趍利厚巧者竊仁義以自封拙者懷飽煖以自守雖甚貧尤賤之士猶皆有闔廬以適其偃仰兒女以娛其左右又或縱恣無節違生而拂理者往往强健自如以至老壽而公獨奚有也惟公澹然無所欲恬然無所嗜雖未嘗有惡於彼而彼亦卒不肯與公值豈惟公之性然哉天之於公亦嗇之甚而不少畀矣然公之生也自公卿士友

至於鄉人父老莫不愛敬而悅服及其歿也又莫不咨嗟
歎息而感烏虖公豈為人所敬服而獨不為天所佑耶抑
天之所佑乃與人相繆耶然生而為人所敬服歿而為人
所感此固公之所異乎人而天未嘗不豐其賦厚其貽天
之於公其將有為耶其無為耶何豐於賦者如彼而嗇於
命者如斯耶烏虖竊闚公內蘊黼黻之文而不求於名世
早懷經濟之術而不恨於不施明達過人而不自謀行履
絕俗而不自知殆若遺外而無累忘己而無私獨於愛人
及物無所不周其慮而殫其思蓋公之善未嘗自安於一
行公之志未嘗不在於事功而不為世用卒以一命終以

區區一時士友父老之譽遂以斷公爲虖天之於公徒與以德而不與以祿公之於人徒獲其細而不獲其大公雖不恐不尤浩然以歸化而後之論者猶將有感於豈啻用舍況小子之所自悲又有私爲者耶烏乎哀哉

祭外舅欵亭府都正鄭公文

維年月日外甥李建昇以蔬果之奠操文哭告于外舅欵亭府都正鄭公之靈曰烏虖昔我來聘年纔十三奠涕垂垂髮毛鬖鬖公拊我背公摩我項授我以衣寒帛暑纇饋我以食左鐺右鼎公惟一女鍾情於斯以此及彼乃欲過之公性恬愨心無偏輸私意虖情不掩於吾樗視以梓櫟

認爲寶兒我所爲謂無不好情愛如孩貌禮如賓笑容婉

呼曰此斯人家人有措諉 一李郎回真齋燈談笑琅琅余

曾獻京公亦離湖鍾西苧東巷陌相紆時晏家盛洵樂且

娛十數年間曾不須臾時遽事移回首悲傷音塵杳邈隔

天一方自我孤露慕公愈切義近父道庶慰我乃還車言

邁可以覲公歲擬月延抱恨無窮莚未執紼練不侑甞孤

負負恩孰如我者施不見報縱公無心反躬自念寧不我

慚靈帷既緇墓草已宿所以報荅乃此一哭蠲我行齋畧

具脩㸐公如有知庶歆斯尊

連理枝木枕銘

終而復始因緣相續易辭禪理若爲汝告橫竪曲直本汝面目離相現理行怪異族方不中雉勾不堪斁取而爲枕擘膝虛腹支顱穹然若像肱曲而爲吾用何有於木

祭舍弟垂卿文

舍弟垂卿小祥前一日仲兄爲文以哭之曰烏虖吾亦可哀也已吾之所以悼君亦自哀也非止爲死者耳生而盡其愛死而致其哀斯可矣日遠而哀且弛可喜者喜可娛者娛亦可也皆人理之固然安能長悲咤窮愁爲哉然哀有時可弛而無可喜可娛之日縱欲強爲之以自遣何由

得之也吾之哀亦久矣自十數年来齊斬功緦而至殤而無服殆無虛歲人見之為之惻然而傷之然得以無死視息至于今日者正由吾兄弟三人在耳相聚首持將以為樂若人之所無於我獨有也烏虖吾與君為兄弟三十有二年去其幼騃僅得數十年間又遞隨先府君官所相會無多去其分離僅得十數年其所得十數年向所謂人見之為之惻然時也烏虖情愛無窮人世苦短人見之為之惻然之時亦不可復得烏虖甚矣吾之厄窮也自吾幼時喜與君嬉稍長其所喜比幼時覺漸別故斯須不能舍也每家居相對輒驩甚如逢久別人偶不在倚亟左右傾呼

索也語纚纚竟日不絶時復相視而笑性又相近趣嚮嗜好笑語動作無不同也特其識高智周志確行篤吾十不能及一二然泯然而行混然而就至其事親有至性志學幾乎精進而不見其有異吾愛其同而悅其所不及故知君者希惟吾爲知君君亦不求人知亦以知己許我我無足以知於人亦以君爲知我吾以是雖濩落無所遇窮且無兒女然皆不自覺也傷虖天既以斯人爲吾弟而又何奪之速也人孰無兄弟人孰無死吾弟垂卿豈可死者耶天下之寶當爲天下惜之志行才氣如垂卿者在人猶當爲天下惜之況在同胞耶惟其然也故其生也哭不止於

同胞其死也慟不止於同胞此人之兄弟之所無而吾獨
然也誠不可死者死矣自君之沒自念無以為生既又念
伯氏吾不可隨君去吾亦強自塞悲今且朞矣由今而往
又若干年月將逾遠而哀弛可喜者喜可娛者娛然將何
以為喜與娛也吾將飲食以為悅乎如見其對床啜也吾
將寢處以為息乎如有偃乎側也將讀書論學以自優乎
將登山臨水以寫憂乎處如其共乎吾也出如其遇諸途
也雖有所值若可以自適種種觸目徃徃傷心輒遽止而
未竟也烏虖悠悠餘生其何以自遣也生者為死者念情
之常耳今吾自念甚於念君殆非常情也縱不自念而念

君亦無益也自念而苟可以忘情也雖不情當爲之然亦不能然徒自苦而已君其念我此情耶不耶念則勞君不則冥邈無知也重可悲也已烏虖慟哉

祭伯氏寧齋先生文

昔公盛年我方荒嬉我稍有知征邁塤篪公盛交游文會友輔於揚風雅馳騁今古所與談論政事文學永叔師魯并世卑巽我薰炙如置莊嶽對床自足在家亦罍我於是時樂有賢兄自甲申來濟羅死亡扶櫬還沁見星奔梁齊斬功緦而至夭殤麻不去身淚長留眶公念我痗若疳吣吣我病屢劇非公曷蘇何以無死手扶口呴教之育之而

至皤鬚我時於公仰之如文公以古道迹與時咈從吾所
好寫此戞佛文章學問本非二物爰究天人旁及老佛鉤
深發幽析微破倔我隨公讀公為我說心開目利如循舊
轍惟公識解曠古無匹於吾親見如優曇鉢積厚而發瀇
然其章快心縱欲滂沛汪洋精不害鉅辯不累潔法正意
真無矜無藝輕裘緩帶如不欲戰出奇制勝莫料其變嫡
傳正宗繼絶統分不有其克孰培其根公嘗謂我士貴見
識見鄙識淺雖博奚得公命二弟謀及春世不悖古文亦
近科第惟論與辨可進識藝入德之門必自經詣我為有
司汝為舉子命題考試甲乙興起心有所契公則莞爾導

我誘我納我于軌惟公於我師道之以賓朋有約文酒相
聚有我則喜無我則憮獨遇好文留鐵示吾出交佳士恨
不吾俱公每有作命我諷讀猥有討論時以疑復不我以
騃謂可與語公謂此樂軒冕不與惟公視我如朋如友此
生已矣於何復有令名既立大節靡虧人亦於公山斗以
推生榮死哀公不內疚住世雖短尚有千載潔身全歸浩
然無慨世皆歎惜人亡國瘁惟公之歿靡或不淚我不遑
此惟言其私意真情切真如己悲梁木之歌子貢其對安
仰安放禍吾者再人孰無兄兄孰不敬豈如我兄父師友
併天倫至情豈有分别以是之故慟恨彌結人孰無死兄

孰不先亡有如我一朝了然垂卿若在尚庶相憐斯人之
歿乃在兄前哀我孤露其將疇依哀我顚労其將疇希大
宗世家誰與維持文獻書史誰與共披食誰與共寢誰與
同終日獨坐對影撫躬兒兄之兒孫兄之孫傾此少弱乃
爲家尊我撫孤幼無我撫存我今笑公亦復奚爲所求未
能悔恨莫追受而反之乃此蕪辭公靈不昧庶鑒于玆

傳燈寺重修記

寺爲鉅刹於沁都三郎之蹟國史之藏紀功之碑皆在焉於國家實有關係之重非僅緇徒之所處而已寺久不修荒頹住持戒燁求助於鄉士女積累錙銖乃塑佛殿之壁刱木鋪十王殿爲廳事補墻缺易村瓦之壞敗者用日若干用貨若干事既畢戒燁謁余求記曰役不鉅不足以爲記然佛法重施報今玆寺之修實鄉士女施予之力願無以爲報請爲文以張之列書施人名姓于末以示無窮余感其意之善也不能辭雖然嘗聞之佛氏以空寂爲心虛無爲道一切所有之物率歸之幻妄至以肉身爲幻大地

爲妄人莫切於肉身物莫大於大地而皆空寂爲虛無爲
尚安用宮室安用修改又安用文以記之也然其徒好爲
宮室名刹鉅寺遍天下往往焜燿人耳目其所爲視其說
若甚遠何哉豈以肉身雖空寂非肉身無以明空寂之心
大地雖虛非大地無以寄虛無之道故心雖空寂迹不可
以空寂道雖虛無事不可以虛無迹與事所以維持佛法
并以是爲空寂虛無則法於何求道將安施哉故其說又
曰毛端建刹塵裏轉輪此有之之甚視其所謂空寂虛無
之義又若甚遠所以若遠者迹與事耳迹未嘗遠於心事
未嘗遠於道然見乎迹而著乎事則空可使實也無可使

有也至於芸芸職職莫或遺也方燁之始事也其必奔走汩沒其於所謂空寂虛無若甚遠及其役畢也僧安其居佛若益尊旣閑且逸如未始有事則於其所謂空寂虛無未嘗遠也然則其道不在於宮室而宮室乃所以維持其道旣有宮室則不可無修改旣修改則文以記之亦不可無也遂爲記

瓊雷聯璧集序

吾友鄭大卿竄南荒有年余貽書問有述作否輒以無有對旣而察之絶無流傳人口耳者後數年大卿書告于余曰吾來茲得詩文若干篇與吾弟寬卿作合之可十卷命

之曰瓊雷聯璧集吾畏約不敢以示人然以子之故請有
識也其意甚切然余言不足以重且不見其詩與文其何
以言也大卿畏約秘其文辭若是而乃遠求識於余甚勤
何哉大卿交游多好文辭豈乏弁其卷者哉其必思吾先
兄之文而吾兄之殁屬耳因以求之於其同氣冀有髣髴
也烏乎大卿有至性於朋友者如此余以是重有感焉有
至性於朋友者其於兄弟何如也此所以有是集也其於
朋友兄弟如此則於其父子君臣之重又何如也自朋友
兄弟而至父子君臣至性無間則其發於性者篤厚爲懇
惻焉而已誰對而不可言耶孟子曰不當若是恝所謂恝

者若無與於我若無與於我則路人焉而已雖不存於心不道於口可也是於疏遠者不可况於其重且親者耶若夫逐臣遷客以文詞為梯階矣心以為戒投手以為諱凡心之所存口之欲道不少槩見則至於倚斗望美之意亦何從以寓也若是者不其近於所謂忍耶故屈原賈誼蘇軾之徒未嘗無文詞其篤厚懇惻之意溢於辭也雖往往若有怨與恨者究其所以慕也非怨也愛也非恨也此所謂不忍視夫矢心投手者果何如也若屈原賈誼蘇軾之徒皆能有見乎本原未必斷斷乎詞章之末而其辭可讀也可觀也蓋其積於中者如此則發乎外者如彼今余於

大卿見其有至性而其辭之可讀可觀亦可知已雖不見其作是可以識矣然則雖列於通衢宣於稠衆可也何秘之甚也昔吾兄嘗屢讀矣其文章多得之於是其言亦蓋如此余知大卿求文之意以嘗聞於吾兄者告之

金老僕墓誌銘

老僕姓金名福男江華沙谷人身長八尺餘聲轉轉如洪鐘怒號震山谷然性實愨實無巧曲少事先忠貞公公亟稱其忠愨忠貞公鄉居每屛騶騎小驢行命老僕控公笑曰此僕堂堂能使吾有威貌老僕有慢己者輒詬而言曰吾相公曾謂我云何敢乃爾里中人往往竊笑之每有事

于吾家奔走不能少息至老死不懈余幼時老僕負余呼唱作達官狀曰他日得如此貴何以報此負勞日饋十斗酒可也余既長僕已老矣然未嘗以幼時事慢我嘗遇於途屏立途左水泥沒其脛猶拱手鞠躬良久乃去然無他技能獨喜飲酒老益貧為沙谷里正得其餼輒飲之其妻怒曰飯且不得喫何飲為老僕擧觴屬其妻曰惜汝不知此味也尋病癃善忘然尚時来見余病踰年而其子告亾余予之以不茹之地以某年月日塟為之銘曰

勞之不能惠之生而不能饋斗醪我為銘埋汝壙尚酬汝負予之勞

海耕堂收草

守菴集跋 乙巳春

士之抱利器自好者志有所不屈故古昔聖王三物以興之七辟以徵之皆所以屈之也能屈其所不屈故士能屈於所事而不屈於所不當屈也自賓興徵辟之法廢而士之抱利器者往往絶俗自高不肯與時俯仰反以是爲羅織者所羅爲乎是豈惟士之不幸哉世道之凌夷亦可慨也已守菴子嘗與吾兄寧齋公善吾兄嘗言李韋傑士使出身事君必能伏節死義韋士者守菴子少時號也余弱冠時見其抵掌談笑豪邁之氣籠罩一座嘗自言吾爲獄

武屈而威武不能屈我也自壬午後見國家多難廢擧不
復游京師未幾爲人所陰訐有司盤問不得情五毒備至
而嶽嶽抗言不屈卒以禍及或言若少自委婉庶有以緩
之而禍急不暇解其抗言不屈有以促之也烏乎國家難
且亟矣雖布之士以不屈死豈無其地哉守菴子盍少自
屈求伸於後也若守菴子不惟生之不遇死亦不遇其地
惜哉其文章長於論策詩又豪健奇氣突兀後之覽者必
於詩想見其爲人焉余嘗見以文學稱者率多沾沾詑詑
終日與之語不離文字守菴子則不然雖以吾兄之善論
文學而守菴子與之言罕及於是若未始用心於文辭者

其志不惟不屈於威武亦不肯屈意於文辭之末其志之所尚必有在乎文辭之外然人卒莫之知守菴子亦無以自見悲夫其族孫光世將刊其詩文以余嘗辱交於守菴子也求為跋其可辭乎哉遂以余所嘗及見者附述

崔延日墓碣銘

崧陽崔侍讀莊士也與余相善過歲示其文藁有所謂過庭錄序者述其大人懿言善行余固意侍讀之學蓋有所受焉時侍讀大人尚無恙也既而侍讀具幣以書來曰吾父奄棄諸孤將求能言者言上之石以吾獲交於子也宜不他求以子之謬愛吾也宜有及於吾父敢請余所不敢

當余於崔公義有不敢辭者乃按狀公諱尚峻字致大
純祖丙申生今　上十五年辟開城府分教官尋除司憲
府監察延日縣監壬寅階通政四十三年正月某日卒某
干支塋于某地某坐原崔氏以高麗平章事文烈公諱純
爵為始祖曾祖諱昌祚進士祖諱奎燦考諱德三妣達城
徐命麟女初娶豐川任百賢女次娶全州李文謙女歸數
年而卒俱無育次娶南原梁有寬女擧二男三女長在道
文科侍讀次在雲出為叔父尚遠嗣女適相賢王漢根金
懿鍾孫男幼公為人寬厚慤實臨事畏懼若不勝然其斷
也確然治產業人不見其有而事無不濟接人以恭謙遇

有侵凌者未嘗與之較嘗自言吾無循人但能謹拙遜柔而已人亦以此稱長者公少貧無以自給公王大夫嘗息母錢湖中及歿債家多匿不償公將收債忽喟然曰馮先生何人乃能為人市義我獨何心累吾祖耶遂折券歸力種人參手足胼胝者十餘年産業稍稍裕乃曰古語云待餘而恩人終無其日良然自是故舊貧不能嫁娶塋葬者有周急歲飢則賑每歲之終列書貧窮人名計口施米穀有差公少躬鄙事失學三十餘始讀經史尤好看歷代史至老不倦臨卒神思不亂嘗患背寒家人進新製半臂至是覺曰吾何着此而死耶命二子扶起脫之顧謂侍讀曰

吾年七十一死無恨但國之存亾未可知吾老田夫已以汝歟 吾君汝忠先於孝可也汝能效吾志否命在雲書之毋其言未可以公言然在國家大計而私計傾家貲涉艱險人所畏避而公則不顧也其志之奇偉悲慨視夫平日言行若河漢然焉乎公豈謹拙遜柔而止者耶使公得以少展其志誰復以謹拙遜柔斷公即公亦不以是自命士之不遇常耳然不遇則志隨以不見志不見而其人卒不可以見如公者遂爲謹拙遜柔之人嗚呼其可悲也已銘曰

篤厚其行謹拙其辭不衒於外其中則奇既試於家亦施於鄉里志而不見何傷乎君子

副本

既撰原本侍讀又求一本直書間島事理使事擬

俟國家太平之日立之不然留示後昆云其意可

悲也

嗚呼乙巳之變尚忍言哉日使要盟奸臣賣國絶外交隨

國權淪其呑噬而忠臣義士扼腕裂眦而莫有爲縣官出

一力建一策噫國其亡矣崔公之將終顧胤子侍讀君曰

吾年今七十一死無恨但西事之成未及見也吾老夫既

以汝歟 吾君汝忠先於孝可也吾死之後毋守制以敗

事也彼將奴隷我魚肉我汝雖欲守制得乎命次子在雲

書之毋曰奉　君之命不可言私況危急存亡之日乎異
汝兄以奪情為難可以此證也又謂侍讀曰間島天荒
之地汝宜先教育其民使知忠　君兄長之義然後可使也
玆土北接中國可結其豪傑以為援大可以光復國家下
不失保此衣冠頭髮也金之入主中國始得志于此後復
荒廢今六七百年其地運必復開此其時可矣屈極而伸
大屈則大伸亦理也先是侍讀君求為西間島管理使至
是使命將下而公疾篤侍讀君難之曰求官去猶可也墨
經去非我意也公之治命蓋以是也所謂間島者韓清之
交界也本隸韓朝廷不能有遂為閒地在白頭山南豆滿

江之東西曰西間島北曰北間島延袤數千里土膴可居我民之流者日繁殖可萬餘户民無所隷請朝廷置官吏往嵗遣管理使不能綏撫民不附侍讀之求管理盖欲闢其荒撫其民爲生聚之計以圖復雪其志誠大矣今於公遺命乃知侍讀有所受也若公者豈非所謂奇偉倜儻之士耶公諱尚峻字致大 純祖丙申生 今上十五年辟開城府分教官尋授司憲府監察延日縣監啣未幾陞通政階四十三年正月卒某月日干支塟于某地某坐原崔氏以高麗平章事文烈公諱純爵爲鼻祖有諱昌祚進士有諱奎爕於公爲曾祖若祖考諱德三妣達城徐命麟女

也公娶豊川任百賢女次娶全州李文謙女俱無育卒後
娶南原梁有寬女擧二男三女長在道今侍讀次在雲出
爲叔父尚遠嗣女禹相賢王漢根金懿鍾公爲人寬柔質
直臨事畏懼如不勝然其斷確如也治産善心筭人不見
有爲而事無不濟接人以恭謙有侵凌者不與之較曰吾
無他能惟遜柔謹拙是亦禦侮之一道人亦以此稱長者
然見人不直面折不少假公少貧無以自給公王大父嘗
息母錢於湖南及歿債家多匿不償公將收債於湖忽喟
然歎曰馮先生何人乃能爲人市義我獨何心累吾祖耶
遂折券歸力種人蔘手足胼胝十數年産業稍裕乃曰古

語云待餘而急人終無其日良然自是親戚故舊貧不能嫁娶喪葬皆有周恤歲飢則賑每歲終列書貧窮人名計口施米穀有差自少勤於奉先諸從姪貧無以具粢盛必排其所需計直與之値節日歲時齎包擔擡而出其門者如市臨卒神思不亂公嘗患背寒家人進倭製半臂至是覺曰吾何着此而死耶命二子扶起脫之時舌已縮不能言猶作喉間微語眷眷不已皆聞倨事也嗚呼事之利鈍未可知其志固已卓犖奇壯以公平日言行觀之若河濱然公豈歷謹拙遜默而已者耶公既歿侍讀君具麗牲之石求銘于余余禮辭不獲爲之銘曰

吁嗟不遇士之常雖則不遇見志尚馬訾西北膴天荒詔

子諄諄瞋不忘天道喜復陽不亾見此深刻表幽堂

先考妣改葬墓誌

府君姓李籍全州諱象學字士勸 定宗大王别子德泉君諱厚生之後曾祖諱忠翊祖諱勉伯進士考諱是遠吏曹判書 贈領議政謚忠貞公妣安東權氏楊州趙氏青松沈氏俱 贈貞敬夫人府君沈夫人出也配坡平尹氏諱滋九女有淑德懿行以 純祖二十九年戊子二月十二日生十四歸于我 先府君四年而沒生三男長建昌工曹參判次建昇主事次建冕側室女適常山金容吉建昌男範夏範夏男皆幼府君 以蔭仕官至梁山郡守性廉直明達所治四縣一郡皆有遺愛府君生距 純祖三十年己丑

正月十六日令 太皇帝二十五年戊子生之月日沒于
郡用建昌貴 贈吏曹叅判始葬江華下道內洞後二十
三年庚戌四月十九日改葬合祔于江華內可面鳩下洞
庚坐原沈夫人墓左
庚戌四月 日不肖男建昇泣血謹誌
不肖竊念時危日亟不可以待具辭刻石爲誌乃畧
書世系生卒子孫用石灰刻短誌埋于壙

外姑尹夫人墓誌銘

夫人姓尹氏籍坡平童土先生諱舜擧之後曾祖諱光薰祖諱亨基考諱公鎮夫人年十四歸于東萊鄭氏敦寧府都正諱基晩以 今上十六年己卯八月十八日卒卒之年某月日干支窆于果川縣肆覲川男倘先塋後十年贈淑夫人從夫職也夫人艱于子屢擧不育取都正公從子赫朝為嗣才授室而夭又以從祖兄之孫寅冕為後夫人始歸姑老耄以家事賔奈縫紉饎爨獨任其勞而皆稱能間又餉農飼蠶無倦色治家有度節於無事而豐於有事人或不知其貧也都正公性疎坦好賔客客至不問有無

輒呼酒食夫人具肴饌如有宿備事姑趙孺人甚孝孺人年老無齒夫人別具柔軟進梗者皆切磨可食孺人嘗曰吾婦十指乃吾齒也都正公世居洪州夫人躬蠶繅繼余衣服食物之嗜者亦饋之及都正公仕僦屋于京夫人喜曰女與壻可無阻也與余家隔崗而近夫人愛余甚每邀余至雖日見未嘗不發笑滿容余因事訶吾妻夫人指吾妻曰吾屢擧子皆才語死是兒幼善病吾以爲且死也三歲扶床起始學語啞啞吾睇視良久曰汝女子子耳能無死耶今長大如此能爲人婦擧手拊吾妻背笑且淚暎眶欲下盖其言欲余居室之寬然今其聲貌依依如隔辰已

十易閏矣吾妻嘗語余曰吾母多可紀之善吾雖女子子尚能言吾母今病且老一朝溘然恐無能言者吾聞善爲文能使死者不泯夫子於吾母宜不靳卽吾母有知顧不欲得之女壻耶語已淚汪汪下余亦悽然曰不敢忘也爲之銘曰

維夫人之德維壼之則養姥竭力濟艱靡惑維女與壻愛其何極愛而無誼使我心惻雖則無報我銘不泐

祭子婦文 丙午

嗚呼慟哉今日汝之生日也生日至而生於是日者不可復至耶日昨見汝姑養豆芽爲蔬將爲汝作生日也今饋汝而汝不能食何耶汝雖善病不一二日即起今臥四日而不起何耶汝病臥聞吾足音輒起出迎今吾撫汝而呼而汝不聞不答何耶汝其果死耶日出而起作未午而死吾尚不信之矣今汝肌肉已爛矣汝其果死耶汝夫之死家人慮汝之死汝以爲舅姑在未可以死今汝棄吾而死何耶嗚呼不欲死而死吾復何恨於汝耶汝姑泣言汝之孝曰使婦之孝不至是吾之悲亦不至是此一言汝事吾

夫婦之孝可知也以汝言之死不足爲慼生不足爲喜然吾老夫婦無以爲養汝若有知其所以念我將甚於吾之哀汝也嗚呼天下之情施與報而已父慈則子孝子孝則父慈父母之於子生之育之敎之故子之於父母生養而盡其性死而盡其哀雖不相責報而其理則施必有報爲故瘞服亦相報之義也吾於汝備受其孝養而無絲毫之施於汝所以報汝者兩眼淚而已嗚呼悲哉今吾忍淚爲此祭文言汝之孝以寓狀誌之義不然誰能知汝之賢且孝也嗚呼慟哉

借觀亭記

北山之勝於中京為最彩墨亭又北山之最士薰借彩墨而居讀書其中易亭之名曰借觀求記於余曰亭舊有記記彩墨非記借觀吾今居是亭亭吾有也不可以無記其曰借觀者記實也願賜一言以姑為記余曰亭可借也亭之所有溪山林木花鳥烟雲之勝皆可借若觀則存乎吾者庸可借乎吾足之所之吾目之所及皆觀也不待乎借而士薰既以為借則其起居飮食之所須無非借也何獨觀乎其所觀豈止於溪山林木花鳥烟雲而已耶借之為言將還之也士薰一日思歸則亭還於其人溪山林木花

鳥烟雲之勝皆非吾有爲用記也雖然吾聞善觀者不以目善借者不可還故孟子曰觀水有術有術云者所謂善觀而不以目者也孟子之觀在乎道不在乎水而曰水者借於水也其借也遂爲無窮之有而不可還然後方爲吾有若借而可還非善借者也士薰居斯亭讀聖賢之書臨北山之水其將奚以觀也觀或不以目則其所觀亦不必水也然則溪山林木花鳥烟雲亦必有觀之之術士薰將何以觀也士薰質美而尚志不苟取者而靳靳乎借若此其必有所觀者善而妄爲不可還觀雖不待乎亭而借未始不由於斯亭也而溪山林木花鳥烟雲之勝皆爲借之

一助是不可以無記也歟

答黃梅泉玹書

足下好節義太過其敝至於刻深忠厚此亦吾輩之所當交勉也前諭有老少之較此猶一時之戲言也今又以閑閑調笑人如此無乃駟不及舌耶此又歸之以戲言則切偲之義終無可見之日戲言亦不宜數數況此何等事乃雜以戲諧耶足下所調笑者亦差強人意僕試言其人之事足下能不愧前言之輕發耶願足下勿復輕視天下人也昨冬約變之日李相卨出鍾街號呼市民行人曰今此約事異於兵革國亡而民不覺寧不慟哉條約一成國亡

而人種之滅絶之終日狂叫口角血流衣裂跣足日巡查欲捕之擧手擊之巡查以爲狂不問遂昏絶仆於途家人舁以歸是日觀者皆以爲死雖其不死觀其所爲亦熱血人亦不甚愧於死者也其人如此而乃有閥閱混奪之誚諸至有爲之慨然語所謂慨然者指李相卨也生於閥閱名與相詰音近此豈相卨之罪耶人有誤傳足下誤聞而乃謂辱人之美辭不忠厚孰甚焉僕則爲足下慨然足下無以閥閱無死者病之趙閔洪宋諸公非閥閱而何閥閱不負國家亦可以有辭於天下後世獨足下調笑閥閱何哉僕自去冬以後自矢於心曰從玆以往更不敢輕視人

也若閔文若平日綺紈生貴視之若黄口小兒及其辨大
節卓然如此我所以輕視者以為彼乃綺紈中不讀書人
焉能有可觀哉我則讀書不為綺紈所誤豈彼之可比哉
寒士自好者之藐視富貴者甚於富貴者之藐視寒士由
今而觀能不愧死乎吾雖閥閲中人尚如此況閥閲之不
如我讀書之多於我如足下者耶所以不知相高為何如
人而特以閥閲慢之也此無損於受慢者而徒啓慢者之
之忘亭而已語豈可輕發哉足下平日之見不出於老少
閥閲較計太甚每見一人所為必曰是老論也故如此是
少論也故如此是閥閲也故如此是不閥閲也故如此此

見一立字不可破以此論見安能立言公天下後世乎僕方望足下爲殉變諸公立言而立見如此之論不惟爲足下惜亦爲九原人惜也妄言至此乞恕之不宣

與王司諫書

頃辱示以爲崔延日碣銘太長雖爲公卿大人作無以過也病其稍長僕亦不敢以爲不然也墓文貴簡潔古之作者不妄加一辭故辭愈簡而文愈至非有關係於天下國家之事其文不過一二板今崔延日一韋布耳非有所謂天下國家之關係其平日事行不過治家之謹飭急人之敦厚而已是可于數行而已今僕爲其碣銘至數三板誠

稍長然蓋僕於此銘有感而作也僕自去年國變以來憤
不欲生而不得死遂閉門深居不欲抗顏對人者豈可恬
然操筆為人作身後文字哉人文之不逮祿位之不顯不
暇言也特以僕為人性麁好浮慕風義有契乎中其他不
顧也讀崔延日之狀至其臨卒之言自不覺感其義而為
之銘蓋崔延日之所欲為已畧見於迹非厔空言而已事
之未遂非人事之未盡於崔延日無損也若崔延日者豈
不誠奇偉倜儻之士哉夫士之為奇偉倜儻之論者未必
切於志容有其志者及其利害禍福之迫於己不能無商
量廻避若崔延日則其所欲為誠危矣決然不顧使其子

入於禍福不測之地殫其𢚩傾其貲至死而䚯䚯也盖其
敵愾之義重於全保之計慷慨之志切於禍福之心其事
雖未遂其志可見雖謂有關係於天下國家亦未為過也
向非西事之圖臨卒之言則吾何由知其為奇偉倜儻之
士哉由是觀之士之抱利器畜奇志畧無所見泯沒草萊
而死者何限耶其亦可悲也已夫人之奇偉倜儻無與於
我然其奇偉倜儻之所由乃吾所以欲無生者其所欲為
不同其所由則同人之感必於其所同其感而為文宜揄
揚其奇偉倜儻之由而顧忌諱不得直書其事豈惟為𨓏
延日惜哉亦吾胸中之氣卒無以少攄於是乎錯落其文

隱見其辭畧見其意於庸行庸言之際使後之人冀其知其不止爲謹飭之士而已此其所以稍長其心亦苦矣昔太史公傳人多畧其事往往若遺忘未了獨於李陵傳抑揚反覆文至數千言自不覺其氣湧神騰也夫爲一降人作傳明其本心之不然足矣何至氣湧神騰數千言之多耶蓋其蠶室之禍同其由也太史公之文豈不誠太長哉惟其好也不覺其長也夫爲失節之士發一已之感尚如此況崔延日無俯仰之愧而僕之所感爲國人所同耶然史公之文人不言長僕之文使人覺其長是其病不在乎長正在文不好耳嗚呼近所謂公卿大夫其官爵豈不誠

巍巍乎哉足下爲此輩作誌碑其將數千百言曰是公卿大夫其文不得不如此長其可乎哉然則足下謂此文文不工可也謂之長亦可也其曰爲公卿大夫作不過如此長云爾則僕不惟不服將掩鼻而大笑之非敢笑足下之言爲所謂公卿大夫笑也公卿大夫果何爲者耶抑古之公卿大夫耶古之爲公卿大夫皆有所施爲所謂天下國家之關係是皆可書不可畧也非爲其官爵長也雖韋布之士多可書則稍長亦可也豈可視貴賤爲長短哉足下試取崔延日墓誌更着眼看必知其所感知其所感則亦必不以爲長也

王原初琴銘 并序

崧陽王原初得琴材於古巢山中示琴工曰良材也乃斷而爲琴張絃常置床上然原初實不解琴也有時以手拂之泠然有聲原初喜曰如是足矣夫按節而論調雖工於琴者不能無識議若原初者誰能識議哉不得以識議則斯至矣宜名其泠然者曰原初操泌洲李保卿亦能同其操云爾銘曰

有桐有絲具音之理有時撫弄泠然可喜誰其弄者維吾之指誰其聽者維吾之耳誰知音者維己爲知己峩峩者非山洋洋者非水無可名狀妙音在是

烏川鄭氏家乘序

鄭君景聞述其家乘自始祖迄今三十世生卒官職言行皆備或采譜牒或摭碑誌編年紀事如史記年表義例井井然余於鄭氏爲外裔又鄭氏先世碑誌多出吾家以是余於鄭氏世德頗詳然今讀景聞所述益知所未知也若文忠公之道學忠節忠貞公之位望文康公之爲儒宗固已炳乎國史不待家乘而著雖其名位未顯屈於蔭仕亦皆有循吏之風質行之美可法於後余於是慨然有想慕之意況其子孫耶祖禰以上人所不及見其言行事爲惟徵之文獻而已文獻備則雖遠若近雖舊若新蘇明允所

謂孝弟之心可油然出也孔子曰夏禮吾能言之杞不足徵也殷禮吾能言之宋不足徵也文獻不足故也雖聖人之聰明非文獻無以徵也其曰杞宋責其子孫夏殷之後不獨杞宋而必曰杞宋責其世家也世家可有徵若匹夫国無責也故孔子作魯史魯史作而周尊有能言周禮者必於魯徵是魯亦尊也其視杞宋何如也　本朝史官不修實錄久矣是国史官之責然惟我　國朝尚閥閱士大夫家簪紳相繼殆類列國之世襲一人之事係一時之史一家之事係一國之史士大夫家乘乃所以為国史乘修則史亦修故士大夫家子弟皆有史官之責非此史將奚

徵哉若夫欲紀國初節義不可不徵於文忠欲紀 顯廟相業不可不徵於忠貞欲紀 英廟儒賢不可不徵於文康欲紀 國朝循吏亦當有徵於蔭仕諸公士大夫家皆然特鄭氏尤其著者耳一家之乘雖不足以備一國之史而一國之史不可不徵於一家之乘使 本朝士大夫家皆如鄭氏之乘則一部國史備於是後之修史者徵之足而先杞宋之嘆此豈塵一人一家之私耶當史官之責則用於國爲子弟之責則用於家亦盡其所當爲而已若景閔者豈非盡其責者耶是爲序

強齋銘 并序

崧陽王南一讀書于余有年將歸請余一言終身行之者余竊觀其爲人質厚而才茂外黙而內晣顧性濶畧不能勤苦自修余奉以勉之曰其強乎易曰天行健君子以自強不息健之爲言勤也在天爲健在人爲自強天下之務所以成也因書強齋二字俾扁其所居之室爲之銘曰

人方齁齁日行地底我興視之曙旭已啓晝夜不舍寒暑迭遞大機若停蠧栖苔蝕所以悠久蓋軋之力豈維成物亦維自殖人叅三才仰以爲則其則維何自強不息訖訖慥慥靡敢或忒始於勉強終以自得大禹惜寸士行運甓

聖人志士所以成績炯戒寓目疇不夕惕

送堂弟聖賓出視寧遠郡稅務序

古之閉門讀書之士若無所能及其出而應天下之務事無鉅細皆稱其職此其故何哉非盡學天下之務而能之其志專其慮精事物之來應之以是而已是固得之於閉門讀書之日也孔子為乘田吏牛羊茁壯為委吏會計當孔子未必學習牛羊會計而能爲其所以能者是有得於爲吏之前也然孔子以牛羊會計爲細務而忽之亦未必茁壯當也司牛羊則專於牛羊治會計則精於會計而至爲大司寇三月大治亦如是而已昔龐士元自以王佐許

之及其任百里之地不能治非才不及忽之也自以為才
大而忽小不修其職其亦危且殆矣視夫孔子之用心何
如也所謂專且精在於我大與小在於物在於物者無常
在於我者有常以有常應無常雖變殊萬端皆可以預定
也今国危至此士大夫壞敗政教皆忽小無常之過也堂
弟聖寶被選得稅務郎將行寧遠郡視稅其官雖卑其職
有關於民國不可忽也聖寶果能有得於閒門讀書之日
而將稱其職耶稅務亦為外国人管轄其事為尤難毋乘
激以逅禍毋苟合以枉己毋割剝以苦民毋虛薄以病國
也然是亦末耳於其本有得於末可無失於小能於大亦

可能也聖賢讀書有寸志然性頗疎濶多畧於細事姑以
是勉之

誄高三壽原明

我亦既老經研閑翫或因勢異亦隨時誘才有變化不念
斜斗晴能守初其維舊人實維原明曾不我負綣意之際
義存心腹先公知人托以六天耽于吾家而至首白既足
於食名亦登籍古心古貌曾罔或易跳丸不停家無舊容
惟君歸然雖我孤是携節時訪銜盃話昔去秋之來我愕
其瘠槁揚之花恩逾血脉豈其忘生究情則慽壽六十四
豈云違迫以遠人覲嘗不悅情我恨遽忽熱淚沈沈醉樽

而起如聞嘻歎

祭戚兄沈公端文

朝嘻而笑夕喪其人陶家手滑少不停輪年及桑榆動傷迹陳故舊親戚若星將晨情頓淚竭如爐歇烟豈意於公又此沾巾維公於我戚切情三欣戚與共緩急相恃患難之際彌見其意沴爐衰歲骨肉猶避公則匍匐曾不少忌惓于吾家迄今五紀孔懷之思施而爲倚是特吾私曷盡公美性沈儀端曉事明理屈其才諧于耒于耜良驥服箱惜公未試脫年漁釣與我徜徉野酌同巡磯鹽分嘗皓首爲期子同魯望胡願之濫毘沮神攘東堤之間藍湖之磯

春回水暖蘆短魚肥舊迹宛然回首即非墜歡難拾此生永違顧影踽踽吾將誰歸公靈不昧歆此薄菲

祭呂士薰 南斐 文

有玉於斯可圭可璋既質之美又琢其章含潤備溫韞匵而藏忽逢而碎永閟其光尼全樂壽胡獨斯戕衰世稀珍鬼嫉天洪物為人惜苦不久長從古如斯蹠壽顏殤既辨其慾宜余下傷斯人之慟聖尼回腸惟茲眼淚示不負亾昔子紀乎乃在弱年專心勵學坐穿欲穿鉤深探賾神不外遷夜深燈青危坐讀書辭拙行趣體弱志堅清苦自持罕見其徑乎豈益于士不乎鄙竊愧古靈徒鑽古紙勸子

游學以廣目耳子亦有言流行坎止忘世絶俗乃非志士
縱與塵同而不風靡自經國變人事落落子以病歸予亦
謝客莫春書來猶子手作豈料恒疾遽不食寥詞猶未工
天台何亟豈余之窮使子至斯欲慰尊君將以何辭我自
同情而尚寬誰遣茲血亂匪天無知手拊髭髮慰余之思
後死之責乃此蕪詞神如有知庶歆斯危

東華文範序

余於庚戌之秋不樂家居雲游四方路由松陽登滿月臺
麗氏古墟於國家興廢之故爲之悲感彷徨久之蓋非徒
爲麗氏然也仍訪王原初于城西原初方選高麗本朝古
文爲二冊曰東華文範博採六家名作選其尤至於寂寥
數篇未顯於世而其文有不可泯沒者亦皆取之余雖未
徧閱其文然原初雅好爲古文其取舍必有可觀也原初
囑余爲之序余曰吾方漂泊四方不知所止恐無心及此
言已愈于彝書自淮南書局來要原初求吾宗晤堂進善
詩曰自平時言此事固汗漫今則不然實爲可貴不可不

傳如過廢殿之墟雖一瓦之微在所傷心而拾玩余於此言爲之心折嗚呼余方與原初語登臺之悲相視垂淚于霖之書適至萬里之外若相應響其亦可感也已余嘗觀有明遺民若侯朝宗魏氷叔之徒皆於本朝名家之作据摭收拾靳靳然求其傳也余竊怪夫彼方悲憤落魄如不欲生而尚何心及此今於于霖之言古人用心之由可知也今文範中諸作亦皆廢殿之一瓦原初之拾翫固其宜也余既有感於于霖之言則爲之識之亦不可已也雖然風氣日變余恐後之人無復讀古文將棄擲不顧曾一瓦之不若此又可念然於國家興廢之故不可知者如此斯

文之盛衰又焉可以一時推無窮哉但以吾憂危之心望於後人後人之憂不我同又非我所及也

書明夷待訪錄後

余嘗讀李文貞所撰清國朝先正事畧黃梨洲宗羲傳列書其所著書有曰明夷待訪錄視其篇名知其爲經國大文字思讀其文而無由得既而余過松陽旅館與人論梨洲事張君居住僑曰近見　刋出待訪錄此必是書也余喜曰幸爲我求之翌日張君以待訪錄來余讀已太息曰使是言見用於中國中國之疲敝豈至是耶中國得以自振則我國豈至於今日哉然其說爲不可見用而由

今而言則亦可以見用矣蓋其原君一篇大義可見此乃古昔聖王君人之心法近日列強立憲之本義也比見梁啓超康有爲之徒亦如此議然目見歐亞時事驗其成敗時無忌諱習聞慣見不難爲此論若梨洲之時則不然中國不與西歐通寥寥數千年無敢有此論非但不敢言蓋習於專制因以成性智慮不曾及此惟孟子畧有此論而猶有未盡言也由古而視梨洲爲特識由今而視梨洲爲先見士而有特識先見者吾不多見於古今也此論見行則大本已立其所論學校也取士也田制也軍制也皆隨綱而目張何政之不修哉清初康熙號稱賢君蒐羅一時

名儒喜其入彀而自謂已治已安世有此人而交臂相失卒不見用此其故何哉正由梨洲所謂視天下爲莫大之産業利害之權皆出于我而曾不念兒孫有曰世世勿生帝王家之言可不惜哉近日列强諸國不然有其人未嘗不用若所謂孟德斯鳩盧騷之輩身雖不用於世其言卒用於後三權之論自由之說行而國以富强公利之及人享國之長久如彼也若使梨洲有知豈不抱恨於九原哉余方欲爲中國民亦不能不爲其國祈久長所以有感於斯文也

、寫眞自贊

彼頎而癯與吾不殊此磈礧而輪囷於何見吾

祭黃梅泉文

西来偶存

卬嫂張夫人墓誌

庚戌秋余將西入清徵兄子範夏泣而言曰小子十歲而吾母捐棄吾不知吾母言行吾父未有述以歿可以言吾母惟仲父在願得仲父言誌吾母墓敢請余曰徵若言吾不敢忘也吾嘗讀吾兄祭夫人文有曰君嘗從容語曰今日夫子在尊姑前出語不謹夫子必不至是豈婦人之有罪而使夫子孝衰歟又曰吾嘗與友人約婚君歿之前數月聞友人女有疾慮君之或難之也微以語君君曰吾家嘗得佳婦耶女雖疾必愈不爾又誰尤哉及君歿而友人

女亦矣此吾所未及知而因吾兄文知者也又曰先母在安陰縣衙遘痞患屢劇吾奉使不獲歸省君竭誠扶護吾歸母為少愈余因事訶君母笑曰止止是代汝事汝母汝不能及也此吾兄與吾所未及見而因吾母言而知者也與妯娌同好惡衣絲器用無分別辭無不情巽懇若無能而其事親處事之際有丈夫所不可及此吾所親見而吾兄所未盡言也然吾兄祭文又曰孝為百行本信為四德終君可謂有本而有終者也為婦人而見知於夫如此則亦可以無憾吾又何言夫人姓張氏籍結城其先有諱可順者有行誼為鄉先生祖諱晉鉉父諱仁根世居海西鳳

山郡毋谷山康氏夫人年十九以繼室醮于吾兄生範夏
娶東萊鄭萬朝女男德商娶延日鄭祥夒女次皆幼仲為
吾以兒錫夏後吾兄諱建昌 國姓文科壬午陞通政夫
人從封淑夫人後十三年吾兄晉嘉善 贈貞夫人夫人
以 哲宗甲寅生一 太上皇三十三年丙戌七月十八日
卒十二月干支葬于江華郡吉祥山北巽原從先兆也吾
兄墓在同郡乾坪不得祔宜別有誌銘曰
孝爲百行本信爲五德終吾引吾兄言以銘吾嫂之封

祭黃梅泉文

年月日大韓烈士故進士梅泉黃公小祥友人完山李建昇以山果秫酒為位操文而哭告曰嗚虖慟哉公以布衣與國俱亡人或有言疑勇之傷曰有靖獻何至自戕元亮治隱在公允當我嘗思惟義與古空嵩呼異君旗揭紅日或恩以哺或感以休安此圖存奚異屈膝以公高識熟計方便忍得斯須大節方全 本朝養士五百餘年於公玉振輝後光前乙巳書來滿紙腔血國無不亡恥乏忠節梁廷蹈舞崔盧布列公憤且歎甚於國滅家非世祿身不簪組文章滿腹義理充肚自待之重儼若公輔士氣衰亡思以

身柱余雖無似知公心苦屋社之日慮公千古知友則果自謀不臧寄身異域木卒草亾楚冠殷尋混跡牧羊去國因僕亦有說爲我則不然愧負金川公必望我泉臺相逐見此誄辭擲地不讀然我之私心香內蓄爲位空山笑聲滿谷公死則憐我生伊辱撫躬傷悼托爲公笑公靈不昧如水在地雖域之限求之斯至和淚薦觴庶歆我饋

續家乘序

庚戌秋建昇西入中國懷仁縣翌年從子範夏挈眷至先世文獻皆不得攜惟以家乘先稿若干卷來乘自始祖德泉君至七世祖參判公而止後闕未修建昇竊念在國家

無事之日久尚閥閱士大夫家世德名諱載在史籍塗人耳目雖不肖子孫失其世德可户考而人問今國移而異種錯子孫又漂泊殊邦吾祖之名諱言行不傳於家則豈惟杞宋之莫徵將不能自辨於異種嗚呼傷哉建昇用是懼既修家譜又續述世乘并附以墳墓之圖爲二卷自六世祖進士公以下取先稿所載誌狀序次編之其無誌狀可載者旁採家譜祭文猥爲墓誌以補其闕雖不免於畧然自始祖迄今十五世乘稍具使我宗支子孫能讀之而世守則此乘之續述不爲無助如有不肖者不知爲何書棄擲而不之重則雖備奚益哉均是吾祖耳能詳其言行

則若曾遠事孝慕之心油然而出雖遠若近否則邈若無關於我孝慕之心無從而出文獻關係之重如此嗚呼無徵而不知猶可悲况有徵而或不能謹守或不讀其文莫知其祖之言行甚或不知其名諱是與空桑生者何以異每念及此未嘗不惕然而懼且傷也為子孫者其世世修乘而謹守之又能讀其文能言先祖之言行吾祖其將曰予有後為子孫者亦將為有祖之人庶免異種之混矣凡吾宗支子孫其勉矣哉

崔烈婦事畧

烈婦姓崔氏韓平安道鐵山人父應無流寓中國懷仁縣三家坊十五嫁同縣訪花村金敬度敬度亦平安人敬度死夫家利綵金欲嫁之求烈婦者至烈婦匿廢埃或蜀黍廩中經數日度求己者去然後乃出如是者屢烈婦泣告其舅曰吾聞烈女不更二夫今舅欲奪吾志吾有死而已舅語應無應無曰是兒乖性我未之前聞受人綵金曰吾為汝圖之應無召其女曰吾家可安汝身無虞也紿至與金者家曰日暮可宿也烈婦視其家設酒食邀客或竊言得佳婦烈婦覺見賣飲毒臥蓋常以毒自隨備不虞也夜

深求烈婦者入其室欲迫之烈婦已死矣時年十七韓人
士寓懷仁者皆歎息美之議醵錢竪碑紀其烈余方寓興
道川距烈婦家爲一舍而近其死今三年有白三圭者爲
余言烈婦事甚悉囑余爲文奬之三圭儒者其言又可信
也余見韓人寓此者多平安人其俗嫁女有所謂綵金幣
可無金不可無視女之優劣而金有低昂烈婦見聞不出
此其果爲取斯也忠臣不事二君烈女不更二夫此王蠋
之言非聖人垂訓烈婦幼少之心即契乎斯言竟守之以
辨此節何其烈也或曰曩非蠋言烈婦未必辨此豈其然
哉烈婦所以辨此天降之衷非蠋言所能使之然也蠋言

豈烈婦所獨聞耶讀書講義理鬚髯如戟者往往臨危不能全其節其視烈婦何如也故吾以烈婦徵蠲言之正非以蠲言重烈婦也

子婦豐山洪氏墓誌銘

余寓懷仁取先世誌狀修家乘使諸孫讀曰今吾漂泊殊邦若曹騃余懼夫世德之佚而墳墓之莫徵也其爲吾孫而甫冠者曰愚商從旁問何關吾母也余瞿然曰吾且爲誌其曰吾母者姓洪氏籍豐山文敬公履祥之後吏曹叅判祐命孫吏曹叅判承憲女爲吾兒完山李錫夏妻錫夏以族兄建繪子爲吾嗣十三而娶二十而夭婦舉遺腹男

不育後三年亦歿婦以　太皇帝二十年癸未生丙午二月六日歿歿之七日某干支葬于江華郡沙谷宅後椒皮峰下坐壬原婦生而婉嫕從母教無少違母成夫人愛之曰是將善事舅姑及入吾門年十四進退無所失勤作耐苦不似世貴家子時余方分爨等室宗舍側吾妻委以家務尊俎筐罌皆井井然間助宗姒賓客祭祀之供姑妹之嫁衿鞶衣衾手自裁縫余方冬病劇達宵調糜粥不違時手皸瘃無完膚其婦于吾家未十年而憂患勞苦困阨之備嘗雖老壽者無以過也性端靜罕言笑若寡情獨於舅姑和愉滿容及夫歿不以戚容對舅姑慈子亦然余始慮

其死使人守之婦曰吾所以不死於夫念舅姑病衰無以養今乃爲襁褓物死耶至是竟病死悲夫婦死前數日吾妻夢兒以彩轎來曰將迎婦去吾妻曰何不以我俱兒搖手止呼婦飄然去但見風翻轎帷明滅海雲間既覺告余曰婦其死矣因悽然久之亾幾日而驗命矣夫吾妻每悲念不已曰婦之賢孝不至是悲亦可少已也是豈徒然哉吾以是益歎婦之賢孝實有過人者宗姪範夏以其仲子爲之嗣娶豐壤趙東華女即愚商也余嘗爲錫夏誌其墓將以婦祔今寓殊邦未可遽議婦墓距夫雖近隔崗而異穴法當別有誌銘曰

不室女以終兮嘗爲人婦祭有主者兮亦爲人之母哀賢

婦之短祚兮天將畀汝以長後

安重根傳

安重根黃海道海州人其先本順興人中徙海州世爲州吏父泰勳能文捷成均進士慷慨有志略甲午東學賊起泰勳起兵擊之重根從父軍多殺賊時年十七幼有雋才通經史能書及長善騎射能於馬上射落飛鳥鄉人服其膽勇胷有七黑子如北斗小名應七中歲從信川及泰勳討東學時有宰相積穀於信川泰勳奪爲兵餉亂定宰相追泰勳甚急泰勳入天主敎綏其急重根亦爲天主敎人光武八年日本奪我國權重根忿憤曰身在羈絆中無可爲事徃游中國聞父歿還旣而又徙平安道甑南浦以便

中國往来重根家素饒交結俠勇遇兵器良者輒購所到演説國家存亡之急以鼓動民心光武十一年統監伊藤博文脅我 太皇帝内禪解散郡國兵重根益憤曰事不可緩遂往俄羅斯海參威得志士禹德順(曹道先)等十二人與議恢復所指血書大韓獨立四字告天而盟以忠義激起我人僑居者三百人引渡豆滿江入咸鏡道慶興襲擊日本守備隊殺五十人進至會寧日兵麕至挾攻衆皆潰散重根走免露宿風餐 行十二日僅再食田間生麥然志氣勃勃不摧挫時伊藤畧定韓事辭統監欲圖中國宣言視察滿洲與英吉利俄羅斯二國大臣約會哈爾濱十月二十

五日瀋陽宿寬城子、朝發鐵道午當至哈爾濱重根行到俄領地浦鹽斯德購覽遠東報知伊藤將至大喜曰天以此老賊送我也與 德順 道先相與謀殺伊藤是夜重根在旅舍慷慨作歌曰丈夫處世兮其志必奇時造英雄兮英雄造時雄視天下兮大業可期東風漸寒兮必成功業鼠賊竊竊兮豈料自及萬歲萬歲兮大韓獨立德順亦以俚歌和之明日重根與德順道先同至寬城子探伊藤来信報云明日伊藤至哈爾濱重根懷短槍詣車站立俄軍隊後重根着洋服俄軍認為日本人莫知為我人也伊藤下車日本官吏駐俄者歡迎甚衆伊藤與俄大藏大臣握手作禮畢徐步向各國領事館與重根相去未十步重根素不見伊藤惟嘗見其小像竊識之乃披軍隊而前舉槍射之三發皆中伊藤胸腹伊藤遂死重根見伊藤倒地舉手大呼大韓萬歲伊藤隨員三人亦被殺傷俄巡兵捕縛重根重根笑曰我豈逃者哉被囚于俄裁判所月餘日本人移囚于旅順所在日本法院始日本之奪我國權也宣言於西洋諸國以為韓人感悅日本保護至是恐各國有嘖言令法院長真鍋使人誘重根自言謬解曰子未喻伊藤公施於韓國皆為韓生民之福子不喻故啓之耳今子以謬解自首日本政府必釋子保無他也重根笑曰好生

惡死人之情也然吾若欲苟活何苦爲是哉說者色沮而
退明日復誘百端重根叱退之十二月眞鍋開公判我國
中國及西洋人會觀者數百人重根弟定根恭根以將有
公判嘗請律師辯護於眞鍋眞鍋慮他國辯護士之直重
根然又重違各國之律例陽許之於是我人之住美利堅
及海參葳者募金七千請辯護士於西洋英吉利律師德
雷司俄律師米罕依洛夫等相繼而來韓律師義州安秉
瓚亦慷慨自厲而至眞鍋諉以不通日本語拒之獨用日
本律師爲辯護引出重根于庭重根神彩堂堂以手橫交
胸間眞鍋問若何爲害我伊藤公重根徐答曰苟欲恢復

韓國獨立必先除伊藤老賊然後乃可圖也我既决心爲國家獻身出游海外游說我民族皷起忠義之心募壯士爲兵教育幼年爲後補以圖大事今安重根自以叅謀中將獲斬伊藤老賊今此法庭引出亦應以戰爭被虜認證不當以刺客問我辭氣益壯真鍋曰伊藤公實奉天皇陛下命令撫綏爾國民汝豈不知伊藤公意耶重根忽仰首厲聲曰曩者日俄之戰日本皇帝詔勅有曰扶植韓國獨立維持東洋平和我韓人民用是感激心祝日軍勝利治道路運兵餉彈竭心膂不以爲勞及日軍凱旋韓人歡喜相賀曰自此吾獨立鞏固無虞矣及光武九年伊藤締成

五條約移我外府奪我通信機關廢我法部要盟脅約兵
力壓之無所不爲國內義兵由是激起愈殺愈激殺滅殆
盡於是乎我韓人讎視統監日本皇帝詔勅所謂韓國獨
立東洋平和皆歸於騙詐取人國之陰謀而已伊藤不惟
我韓仇賊亦惟日本皇帝之逆賊因數伊藤之罪曰伊藤
於我　太上皇爲外臣外臣亦臣也以臣廢君寧能免誅
乎重根語至此目光如炬因扼腕罵曰老賊老賊由今而
觀則我　明成皇后之弒謀亦惟此賊主之貴國先孝明
皇帝語未終眞鍔愕然變色急揮手止之且令傍聽者退
其辯之終無聞之者其曰先孝明者謂伊藤行弒也辯護

士曰安重根謬解伊藤公保韓主義雖曰復讎而實否也當以死論眞鍋又使人謂重根曰子今死矣若言謬解生矣重根叱曰所謂謬解者何吾豈變辭求活者耶在獄二百日謬以謬解得生者屢終始一辭嶷然不撓竟以庚戌三月二十六日(陰二月十六日)絞殺之時年三十二有二子宣罪之日二弟訣重根重根曰我死勿埋於日本所監之土可埋於哈爾濱公園之傍二弟欲如其言日本人不許使瘞獄內地重根在獄中作東洋平和論數萬言又吟詩以自遣至死之日脫洋裝改着韓製衣就刑談笑如平日德富司語安東瓚曰吾閱天下死刑多矣未嘗見如此烈士吾

歸當爲天下誦之日本人搨重根像刻其書賣之天下人
爭購爲寶德順道先亦皆被逮德順頣㿉仰不屈寬監禁
三年之律旣而移囚韓咸興尋自殺或言逃免繼而有李
在明安明根之事

李在明金貞益傳

李在明金貞益平安道平壤人在明幼喪父母入耶蘇教年十三從西洋宣教師赴美洲以雇役得貲回國在平壤多結志士密謀恢復在稠人中恂恂若言不出口頎內甚剛悍常有敢死之意貞益亦家貧爲人傭服役之暇就夜學校受業佩服嘉言善行惟恐不及事主人甚勤然命招妓拒不往人以此知其質直兩人以知己相許寺內正毅新任統監未渡韓已有合併之說在明貞益相與謀曰事急矣將若之何哉安重根先着一鞭以盡國民之職而我輩獨不能耶前此日本人勒成條約奪我國權實由國賊

貪利賣國爲彼作倀故以至於今日今吾輩急除此賣國
賊合倂之謀庶可沮止救國命於須臾爲今日急務政府
之李完用一進會之李容九賊魁也殺此兩賊餘賊皆自
危不敢恣橫乃各懷利刃渡浿入京師察兩賊之動靜會
李完用以天主教會遠賓赴鍾峴教堂在明聞之爲賣栗
商販栗教堂門外而待之完用果乘人力車至在明遮車
欲刺之完用家奴捍之刺奴卽斃完用墜車在明跨其腹
亂刺每一刺輒呼大韓萬歲刃入腹腸斷自巡查救之捕
在明置獄乃以殺人律處絞完用入醫院取狗腸續之得
不死負益伺李容九出在明事發被搜捕出其刀擲地曰

吾欲以此殺賊救國■而竟至是耶以謀殺處終身役

祭汶園洪少宰文 與綺堂聯名

今吾兩人嗷嗷然呼笑於公靈之側而公則冥邈無應公果知耶不知耶公果無知吾復誰爲而笑公如有知亦必哀吾之苟生而憫吾之窮孤益甚存沒之際其何以爲心嗚呼竊念公聰明正直之氣必不烟消燼滅尻輪神馬將浮由乎太虛之際其果徊徨於父母之邦耶往來於興道寶山之間耶抑倏忽於六合之外而曠漠杳冥樂其無氣檄羈絆而不返耶吾兩人始寓興道屋角相望或兩人訪一人或一人從兩人鼎坐談話秫酒蔔飯竟日而歸方是

之時窮阨困苦殆人所不堪然吾三人者若蛩駏之相隨若凍馬之相呴喜其會合而忘其窮阨困苦以今思惟轉眄之頃邈若異代嗚呼所謂窮阨困苦亦不得須臾與共甚矣天之窮我也若使公沒於興道則吾兩人可以面訣使公延若干年待吾　三家之聚又庶無今日之恨今遠者近者俱不得訣使公臨卒之際以不見吾兩人為恨生者之恨又何如也公嘗議徙安東縣即挈眷先行吾兩人或隨或未落落如晨星嗚呼離合之無常如此況死生之芒忽哉公嘗言可以無死請歃可也及國移之日曰不去無以為請遂渡鴨江而西窮阨困苦以至於是然此公之志

也不死於庚戌非公之貧生病殁牖下非公之失意然則
公可謂求仁得仁豈有憾哉公必銜笑入地以去此污濁
爲快愉而生者之情靳靳然惜公之殁而恨不得共此污
濁其愚且憾矣嗚呼吾輩所以哀公非爲公哀正自哀也
從玆以往過誰救之疑誰質之愆誰正之善誰責之吾兩
人寄身異域如桴之泛水如蓬之轉風不多餘生未知竟
作何狀人以終每撫躬自念惕然而懼公如有知亦必念
之不已也嗚呼吾兩人對坐晤言公高顴郁髯木訥之音
宛在吾兩人之旁往往驚顧而不得悵然自失因念退之
弔武侍御文曰晳晳兮目存丁寧兮耳言忽不聞兮不見

爲之默契而心摧也今吾爲文而笑淚出於吾目而無見乎吾目者聲出乎吾口而無聞乎吾耳者於是乎晢晢者非眞丁寧者非實所謂眞實者竟不可得而失聲作惡未嘗不由於非眞非實斯奚益哉其亦不可已耶然欲已而不能已何哉嗚呼慟哉

安學士孝濟小照贊

坦疎其容溫和其面正氣撑腸蘊不外見不懾嶺海不屈威武有而若無非影可觀

前韓國 吏曹參判汶園洪公行狀

公諱承憲字文一汶園其號也系出安東之豐山縣始祖
諱之慶仕麗朝官國學直學後至文敬公履祥以德行爲
宣祖名臣自是相繼大顯有諱良浩判中樞府事兼吏曹
判書大提學以文章名世公之五世祖也曾祖諱敬謨判
中樞府事兼吏曹判書諡文貞公祖諱翼周縣監 贈吏曹
參判考諱祐命吏曹參判妣潘南朴氏左議政宗薰女贈
貞夫人參判公嘗居鎭川之虎巖墓舍逍遙林泉先輩稱
其恬退今於公知其有所受焉夫人昌寧成氏判書彛鎬
女贈貞夫人先公歿擧三男三女長仁植進士娶特進官

李茂魯女生一子恭憙再娶曺應煨女子女幼次正植出
為從祖叔父進士承學後娶進士李命世女生一子一女
幼次徹植出為從祖叔父進士承耆後娶秘書丞李鍾瀅
女女長適鄭祥燮進士次適李觀鍾次適吾兒李錫夏恭
憙娶進士鄭憲謨女公以　哲宗甲寅生幼即儼然弱冠居
參判公憂盡禮哀如老成人　太皇帝十二年乙亥登別
試文科補起居注踰歲拜藝文館檢閱例陞別兼春秋累
拜司諫院正言文臣兼宣傳官弘文館校理南學教授十
九年進通政階兵曹刑曹吏曹參議同副左副承旨差內
務府參議拜大司諫二十八年陞嘉善階除工曹禮曹吏

曹兵曹參判司憲府大司憲同知經筵義禁府春秋館事協辦內務府事三十一年甲午夏日本兵犯闕脅言上變舊法納逋臣朴泳孝徐光範專國政於是公度國事之不可為與鄭都憲元夏棄官歸鄉曰 主辱臣死分耳雖不能死庸可出耶遂決意自廢既而湖西東匪大亂公與都憲入江華寓都憲墓舍距敝廬不數十里而近與吾兄寧齋公相往来講論出處之義時吾兄亦屢拜官不起然猶言天下無必不可為之時無必不可出之義而公則曰言與迹殊是空言耳沒齒田廬差可少悔也三十二年乙未夏度支部參任管稅司長不就八月有坤寧閤之變公暨

吾兄鄭都憲上疏請復壼位誅凶逆其畧曰 王后之廢臣知非 聖上意也道路相傳皆云賊已行弑但未辨賊之為我人與日本人耳禮曰臣弑其君在官者殺無赦君父之讎不與共天下春秋之例小君亦君也彼閣部大臣獨不知斯義乎奈何掩匿覆蓋恝若無事無乃其中亦有貪禍幸變以售其胷上制下竊權逞欲之計者乎要之作賊者兵則兵可誅也廷臣則廷臣可誅也日本人則日本人亦可誅也匹夫匹婦之死而不得其命者猶無不償之况焉有國母被弑而讎終不復者乎疏入見者相顧失色内閣却不以聞草疏發人皆危之公則鼾睡自如是歲冬

斷髮令下江華強削尤甚公懼其逼復與都憲還鎭川余
臨別問若途遇強削奈何公毅然曰削而求生吾不爲也
吾兄以詩代輓送之旣而令寢而免公之所守可見也三
十八年除宮內府特進官疏陳自靖之義明年拜忠淸南
道觀察使辭疏三上 命以責授例公譴命也不敢不行
旣蒞則曰不可以廢事吏有不職者輒斥去之猾胥爲奸
者悉以法繩之時値亂後民凋弊官校及督稅之吏或假
稱奉 勅横民間或稱詗捕東匪餘黨操縱爲奸公皆捕
治之一省肅然未幾分揀命下公曰今 命分揀則譴責已
解除矣復力辭疏八上乃以特進內移竟不就公嘗以爲

當屋社之日不得可死之地則爲趙松山吉冶隱可也然今異於古欲爲松山冶隱恐不可得及庚戌國變與余俱渡鴨綠而西寓中國之懷仁縣恒道川鄭都憲先已入三人同住數年甲寅夏復移安東縣元寶山下其流離阨窮非人所堪而公處之恬然無愁苦怨尤之色公自往恒道不習水土患浮脹至是益劇竟以是歲八月十日歿于寶山寓舍韓人士素知公者咨嗟歎息曰其生也不可還其歿也可還是吾輩責也各捐錢若干爲聘公嗣子奉柩還鎭川之虎巖祔夫人墓右公高顴郁髯望之儼如也性簡重誠實事無大小惟義之視義之所在執之確而行之果

利害得喪未嘗計較取舍亦不以赫赫近名公世貴又蚤
歷清顯負公輔望時衆戚畹相爭權頡頏有欲引公自助
者使人致殷勤曰得令公爲座客頗不重我耶令公亦何
樂乎寂寥也公謝曰吾不能爲入幕賓也公骯髒不苟合
權貴雖貌敬公而內實踈之以此浮沈散職無所施卒以
潛請終于殊邦其可哀也公少孤事叔父驪州公如事考
判公日必定省雖貴顯矣事無巨細必告而後行不敢擅
也公之住江華也夫人有身公喜甚願其生男余笑曰公
有三男尚求多乎公曰吾從弟三人皆無嗣而夭伯仲以
吾二子爲後季則不及今吾復生男得嗣季可無憾其篤

於孝友亦出於天質之美非勉強爲也公居家處官行事多
可法而在公爲疏節惟其天質之美兼之以文學夷考其
平生大節俯仰無怍者惟公而已公晩喜古文爲文簡潔有
則有聞斯齋稿若干卷公在恒道語余曰吾病不可久身
後數行文賴有子耳言猶在耳今公歿而吾猶不死操筆
爲公狀其何以爲心也悲夫畧書其出處之正以付公胤
子以資立言者之徵

祭徐少卿文

故掌禮院少卿喜来徐公之殁友人完山李建昇身在殊邦不得躬奠謹爲文使人讀告于靈几之前曰嗚呼哀哉念我故人惟公最久豈惟其久情實萬厚筆檣之前芹巷之後比隣隔屋晨夕文酒花詠月飲坐對行偶兩家兄弟一室賓主時猶全盛胥樂無苦轉眄之頃摧破零落存沒若忘嗟予漂泊公老且飢傷哉其貧我無麥舟世有元振斂形入地萬事已陳國破民散遭此不辰譬如籃鷄寄托籠中風雷翻覆籠破托空或存或亡漂蕩西東傍觀視之將無異同以此或存吊彼或亡我亦嘻笑不暇爲傷胡茲

沈瀾沾我襟裳既有形殼不能無腸生念死哀亦理之常
身莫能致寄辭薦觴

西扉子傳

西扉子姓崔氏其先全州人名宇淳字舜九居嶺南之固
城郡家饒喜施躬行讀書老而靡懈及庚戌國變毀其門
之向東者而西之曰吾惡夫對讎邦也因自號曰西扉子
日本新并我國詐用慰撫政以貨與國內知名之士所謂
恩賜金是也日巡查以金來西扉子却之招亦不往如是
者九一日巡查又以金來曰不受將執而去也西扉子曰
日暮矣吾老不可昏行天明去可也天明巡查起視之西

扉子已死矣巡查驚走家人乃覺蓋西扉子嘗置毒懷中至是吞之時年八十吾友安舜仲道西扉事甚詳遂作西

扉子傳

贊曰古人曰臨死慷慨易從容難若西扉子豈非所謂從容者耶自乙巳庚戌以來不在位而死者皆足以光國家養士氣然以古聖人取舍之義觀之不能無可死無死之義若西扉子却金者九度其不可免而後死其心以為吾本無死責故却金不死與其受金而生不如一死之為潔故至迫不可免而後死此真熊魚之辨而潔身之歸若西扉子豈非從容死者歟古之人若謝枋得龔勝皆迫而後死亦此義也歟

再祭洪汝園文

汝園洪公小祥將近完山李建昇身在異域爲文而寄要其執事者及小祥之日讀于靈几之前曰維公之沒倏周星霜備嘗哀樂我自強腸迭遠迭忘亦情之當云何予懷久而愈傷豈惟情好公自難忘鳳凰麒麟世人莫詳天質之美文學以長木訥近仁直道倔強執正守經清操雅量衒華內蓄如錦褧裳亦不自高和同塵光談笑雅謔權貴頡頏古心古貌外圓內方世道萬變徐邀有常所以全歸乃在淪喪瞻彼寶山是公首陽於何復見千古茫茫詩亦有言人之云亡何殄何瘁嗟我無邦尚有人道友朋相將

郢斧無質牙琴不張吾誰與從踽踽凉凉伏德之辭拙莫揄揚誰碑有道世無中郎今玆之夕云公之祥意徃神馳如鳥將翔和淚寄辭遥薦玆觴

西扉集序

余嘗為西扉崔公作傳亦安學士彝中彝中與公為姻婭公之子煥模得傳喜曰是能知吾父因彝中馳書二千里之外求公遺稿并文至再三愈勤余年来絶不為人作文辭然重彝中之言而崔君之意亦不可孤也今讀公詩與文益見其大節之辨有素蓄積者然也夫得於性情出乎口書之紙曰文與詩惟其得處正故出而書之無不中度

曷嘗規規於聲病繩墨爲式徒以聲病繩墨爲工者巧力所到非不燦如也士以是名斯爲淺耳譬如好鳥奇花悅耀人耳目及其時謝物移無迹可尋諒由所得者不由乎正而所工者淺也若夫忠義正直之充乎內其發也可觀也可傳也觀於採薇正氣之歌可知已公之詩文多心性理氣之辨而尤致意於崇奬節義自本朝六臣以至近日殉義諸公之挽已見其大旨而其所作西扉詞乃所以自挽不死於庚戌而死於辛亥擇其所也然此乃婦孺之所能知公之學有志於有用往往寄托於文辭非夫人之所能知也公好讀書窮究太公孫武之書及戚氏禦倭新書

潛心默識雖無所試觀其指揮義旅議設民堡多書生所
不能言又嘗欲乘機自試有謝君直王大有之意而卒無
以見其志然其奇偉之氣老而不少衰挫横逸於字墨間
使讀者若將操几杖而趨下風此余所以心折於大節之
外若公者豈徒以詩文自命者耶故其辭不以聲病繩墨
而自合於採薇正氣之操其視好鳥奇花何如也

紫巖書堂記

余寓中國安東縣梨樹村與之居者多嶺南人從其人間
有盧致八先生者隱居修學於嶺之蘆山下今之孫明復
余心慕之既而獲交於盧侍講侍講亦嶺人避地来住此

隣余以致八問侍講笑曰是吾弟其人且至可相見也未
幾致八果省兄来與余定交其清標古貌儵然如癯鶴望
之知其為有道者顧多病口不絶伸吟聲然見好書輒蹶
起疾書年今六十事侍講君執役服勤如童子時余為之
感歎不已致八將歸示其所作紫巖書堂記曰毋吾與同
志友講習之堂吾友張舜華亦記之請益以子之文舜華
之記曰致八喜引進後學來四方之學者曰無食者食於
吾無家者館於吾間風鼓篋而至者踵相接峩冠大袖相
與趨蹌於飲射之列余於舜華之記益信曩所稱孫明復
者非余誣也然若孫明復者值宋有道之時朝野皆推尊

山先生可謂感矣今致八枯槁終老於廬山下誰知之者
生之不辰為賢者悲之然於其不辰方見為學之善故孔
子曰人不知而不慍不亦君子乎隨時俯仰非善學者也
鄉黨稱其賢率相薦其名蒲其輪而玄其纁加之於百僚
之上而師尊之此布衣之榮而見知之至也然皆無與於
學故君子不以自外至者為欣戚致八讀書於此堂也其
必有笑之者處今之世不笑於人不足以為道笑之者不
知之甚者致八能不慍乎余以為為古之孫明復易為今
之致八難堂之間架用功詳於致八自記不復贅

紀沈妻金氏事

余寓興道時有士人沈明鎭者忠淸道牙山郡人請余却舍居業農愿慤素有奇疾至是衝劇屢藥不驗醫言不可治妻金氏聞有食人肉愈者因吾妻問余曰是有愈理否余曰愈者適然耳何得人人愈金氏歎息而去其翌日金氏又至步蹣跚面無人色吾妻驚問曰何病至此曰跌冰傷腿耳意欲有言淚涔涔下舉袂掩面去吾妻怪之使從子婦踵視之金氏蒙被臥不能起視其衣有血痕披衣視之右股肉厚處谺然中空可容拳髀骨崢嶸見白金氏泣曰吾死不足恨然食人肉者覺則死願爲我諱之吾乘夫

出刲取股肉烹饋之夫怪其味異不肯食曰何肉曰得之李先生家海物之稀有者能療久病沈君曰李先生所遺必良餌也食之盡夫若問勿外吾言其曰李先生者謂余也從子婦感其烈日持藥糜救視之二旬而創合若有神相者沈君病果愈竟不知所以愈德吾不已余亦不甚辭也金氏籍光山亦牙山人尚住興道余始懼其泯不得記其事今遠不相聞可記也

明美堂集跋

戊戌歲夏先生患痱建昇每於藥鑪側閱先生詩文時以所疑舉似於先生先生喜曰是可以彈吾病指論得失精粗因誦魏冰叔語曰多作不如多改多改不如多刪及先生歿建昇編次詩文畧有所刪又求刪正於金滄江時滄江遯于中國之淮南其所刪又若干先生之歿今二十年矣建昇漂泊異域常恐稿未刊而湮先朝露近有嶺湖文學之士逢與滄江謀醵金刊先生遺稿滄江主刊事於淮南臨刊而刪又若干雖欲多刪無可多矣未知於先生平日之意為如何滄江知吾兄者其必有相契矣先生所著

黨議通畧前已為光文社所刊今與全集并行嗚呼值國家鼎革人文晦塞之時先生之文章益著此豈徃日之所意哉出公議集衆力傾一世志士之心有若此之盛也天下之寶不泯沒於榛莽終為天下之寶孰使然哉盖人知其為寶也然能使人知其為天下之寶在寶不在人推此而言先生之文章能自傳非人所闡晦雖然知為天下之寶而出之韞藏陳乎四達之衢不能不待人焉滄江序論文獻之重曰至於委巷輇士官府小吏之所記録皆足以為亡國之遺寶特擧其阜徵者言之况先生文章關係之重為何如也滄江亦懷其寶者其知之深悲之切如此建昇

不能無謝於嶺湖之士而重有感於滄江之苦心然諸君子所以汲汲於斯集盖其所見者正所為者公曷嘗為吾兄私哉先生晚究易學著讀易隨記一卷其辭與圖皆發前人所未發今貴絀不得并刊亦將繼此而有陳乎四達之衢者歟姑藏以俟焉

祭幽谷李老人景一文

昔我始至館于君所握手傾心饋我雞黍我来為隣梨樹之墅我視其人勤儉廉介貧而能安老而靡懈捆屨力穡曾不言憊不求分外心無機事寧少于文而不為僞我亦以此情好愈至抱真而終庶幾無愧守翁既沒君又我棄

黃壚飮處回首屢喟獨行于野誰慰我意故人之思而及

其孤相視不負若將呴呴收涕以告歆玆薦酷

海耕堂收草

초판 1쇄 인쇄 · 2012년 5월 14일
초판 1쇄 발행 · 2012년 5월 18일

인쇄처 · 도서출판 월인
서울특별시 강북구 수유2동 252-9
등　록 · 제6-0364호
등록일 · 1998년 5월 4일
전　화 · (02) 912-5000
팩　스 · (02) 900-5036
www.worin.net

ISBN 978-89-8477-516-9 93810

값 20,000원